L'art des relations presse

L'art des relations presse

Éditions d'Organisation
1, rue Thénard
75240 Paris cedex 05

Consultez notre site :
www.editions-organisation.com

Jeanne BORDEAU

L'art des relations presse

Éditions
d'Organisation

Sommaire

Chapitre 2

La stratégie des messages

Chapitre 3

Travailler avec les médias

Chapitre 4

Les relations presse au jour le jour

Chapitre 5

De la toute première idée au contrat, en passant par le plan de communication

Chapitre 6
Les relations presse et les TIC

Chapitre 7
Cas concrets de stratégies de relations presse

Chapitre 8
Les questions difficiles posées aux relations presse

Sommaire des paroles d'experts

Un livre écrit « debout »

Cet ouvrage est le fruit d'une réalisation collective et s'inspire du quotidien d'une agence de communication spécialisée en relations presse et stratégie des messages. Depuis une quinzaine d'années en effet, Press'Publica, hier encore appelée Talents et Compagnie, accompagne les entreprises, collectivités, associations ou personnalités dans leur stratégie de communication face à la presse.

Ce livre témoigne d'une expérience concrète et vécue, celle de chargés de communication et de leur directrice – moi-même ! – en contact permanent avec les annonceurs et les journalistes. Il livre les observations que nous avons pu faire auprès de nos différents clients, rapporte les difficultés que nous avons rencontrées et les réponses que nous avons pu y donner, analyse enfin les évolutions d'un métier qui s'est considérablement professionnalisé ces dernières années. Livre d'expérience, il se veut aussi un livre de passion envers un métier difficile, parfois ingrat, mais terriblement intéressant car touche-à-tout et éminemment relationnel.

Si l'on parle d'un ouvrage écrit « debout », c'est donc pour le distinguer des publications théoriques sur la communication et les relations presse ; des cas concrets de dossiers *réellement* traités, des anecdotes, ainsi que plusieurs exemples de messages produits à l'occasion de campagnes de relations presse, viennent illustrer son propos.

Il se veut aussi collectif, et je tiens ici à témoigner ma reconnaissance à certains de mes étudiants qui ont eu l'occasion de participer à sa réalisation, notamment Laure Valon, mais aussi et surtout à toute mon équipe, et tout spécialement Élisabeth Lendresse, Estelle Fasquelle, Sylvain Page, Nicolas Bège et Tristan de Tedesco dont l'aide – et la ténacité ! – furent essentielles.

Et enfin, un merci tout particulier à France Dardillac, compagne des combats de chaque instant et à Chantal Decamps qui rend possibles et fécondes toutes ces aventures.

Contexte et enjeux des nouvelles relations presse

Le XXe siècle, et plus encore ses trente dernières années, fut celui du changement. Il est essentiel de partir de ce constat pour comprendre les évolutions que connaît aujourd'hui le métier de relations presse.

Les progrès de la science et des connaissances ont provoqué des révolutions majeures dans le monde économique, et notamment dans l'industrie et l'agriculture. L'automatisation des tâches ou la modernisation des techniques de production ont conduit à des bouleversements aussi radicaux que soudains ; sans oublier l'irruption des nouvelles technologies de l'information et de la communication, qui ont considérablement modifié les modes de travail, quand ils n'en ont pas créé de nouveaux.

En parallèle, le rapport au temps et à l'espace s'est considérablement transformé : nous vivons aujourd'hui au sein du « village monde » où l'antipode est accessible en moins d'une journée et où, comme dans toute bourgade de province, tout se sait en quelques heures maximums. Le monde est devenu communicant, les sources d'information sont toujours plus nombreuses, toujours plus précises… mais pas nécessairement plus claires ! Conséquences de cette profusion de messages et de cette proximité des hommes : la mise en commun de l'information, la confrontation simultanée des modes de vie et des cultures… et l'uniformisation grandissante des styles, des habitudes et des produits. Tout l'enjeu repose désormais dans la capacité qu'a chacun à préserver sa spécificité et à transmettre sa différence pour faire valoir sa singularité dans un monde de partage, mais aussi de copiage et d'espionnage institutionnalisés !

Au sein de cet univers de mutations, les métiers immatériels comme les relations presse n'échappent pas à la tendance générale et connaissent des modifications sensibles. Mais peut-être que la perception de leur évolution a été moins visible pour le grand public : les licenciements dans le monde industriel ou l'exode rural frappent plus que les adaptations internes de professions comme celles des relations presse. Pourtant, les métiers de la communication ont subi de plein fouet les bouleversements de notre époque. On affirme qu'ils n'ont jamais été aussi nombreux et influents, ce qui est sans doute vrai et s'explique par ce besoin actuel de se différencier et d'émerger dans un monde où tout devient communication. Mais au sein de ces mutations, les différents métiers qui composent la « com' » ont connu des fortunes diverses. C'est le cas de la publicité, star des années quatre-vingt aujourd'hui rentrée dans le rang : alors que les deux tiers des budgets de communication d'il y a vingt ans lui étaient consacrés, contre un tiers au hors-médias, la proportion s'est aujourd'hui rigoureusement inversée. Le marketing, le lobbying, l'événementiel ou les relations presse occupent à leur tour le devant de la scène.

Comment expliquer ce renversement de tendance ? Avant tout parce que la publicité ne peut pas tout traiter. Certes, elle permet une identification immédiate de l'émetteur, mais elle se révèle souvent narcissique et systématiquement coûteuse. Est-elle vraiment capable aujourd'hui d'engager le dialogue avec le consommateur ? Est-elle adaptée pour vendre des services et communiquer sur le management ou tout autre progrès immatériel ? Ses discours fondés sur la séduction sont-ils à la hauteur des attentes du grand public ? Hier, dans les années quatre-vingt et jusqu'au milieu des années quatre-vingt-dix, le ton ambiant était celui de la réussite : le succès devait être affiché, parfois bruyamment, et la publicité en était le parfait reflet. C'est beaucoup moins le cas aujourd'hui. L'heure n'est plus à la séduction sensible, mais à la sincérité, voire à l'humilité : la transparence n'est-elle pas la valeur la plus communément revendiquée par tous, entreprises, politiques, associations… ? Dans un univers fluctuant, il semble que les consommateurs soient en quête de sens et deviennent plus matures : « on ne la leur fait plus », et les discours efficaces sont désormais ceux fondés sur des arguments rationnels et objectifs, où se mêlent avec finesse quelques touches de sensibilité.

Les évolutions décisives de la fin du XXe siècle ont donc eu pour principale conséquence pour les métiers de la communication d'opérer une véritable redistribution des cartes. Dans un monde où les notions de différence, de sincérité et d'objectivité s'affirment, qui donc mieux que l'écrit, et par là les relations presse, peut permettre de répondre aux défis posés ? L'écrit conserve en effet une primauté indéniable et semble le mieux armé pour bâtir des messages crédibles, vérifiés et sincères. Ce n'est pas un hasard si la presse écrite affiche, aujourd'hui encore, une audience considérable ; peut-être pas auprès de tous les publics, mais certainement auprès des autres médias : elle reste celle qui fait l'opinion et dont les radios et les télévisions s'inspirent pour produire leurs propres messages. Elle demeure également un lieu de débat incomparable, où les citoyens se prononcent, où les enquêtes se mènent, où les images se font et se défont.

Les relations presse jouent donc un rôle essentiel et s'affirment comme un acteur majeur de la communication. Loin des « RP » d'hier faites de connivences et de séduction, les nouvelles relations presse ont pour mission de donner du sens, de créer la différence, et de bâtir avec le journaliste une relation d'intelligence. Ce n'est qu'à cette condition qu'elles parviendront à faire émerger le message au milieu de la profusion d'informations qui envahit les médias. Véritable metteur en scène de l'information, le chargé de communication doit quant à lui clarifier, expliquer, mettre en perspective, pour devenir le véritable partenaire du journaliste. Il lui faut donc explorer de nouvelles voies et de nouveaux outils pour conquérir l'intérêt de la presse.

En un mot, les relations presse se sont professionnalisées pour devenir un métier complexe... et passionnant ! C'est de cette évolution que le présent ouvrage tente, modestement, de rendre compte.

Esquisse de définition des nouvelles relations presse

Les nouvelles relations presse : art, manière… et matière

Derrière l'appellation « relations presse » se cache un métier méconnu, un métier auquel se greffent une multitude de préjugés à la dent dure. Pourtant, le copinage pour obtenir son papier dans tel quotidien est aujourd'hui une époque révolue ! Les professionnels, les vrais, ont toujours existé, et ils ont depuis longtemps compris l'enjeu stratégique de leur positionnement ; et aussi les exigences qui en découlent.

Un métier d'intermédiation

Les relations presse sont un métier de coulisses, un métier d'intermédiation : elles véhiculent l'information et la mettent à disposition des journalistes qui la répercuteront – s'ils la trouvent intéressante et s'ils le souhaitent – à l'opinion publique. D'où l'importance de fournir une information claire et objective, dégagée de toute considération superflue. Les journalistes veulent de l'info, des faits vérifiés. Si le journaliste est seul à décider s'il fera émerger cette information, le chargé de communication peut néanmoins décider de la mettre en scène dans une logique globale de communication. C'est là toute la finesse du métier : évaluer au plus tôt les conséquences d'un dossier ou d'une conférence de presse et mettre en place au plus vite une réelle stratégie qui se réalisera dans le temps, au moyen d'opérations complémentaires.

Le facteur temps : une contrainte omniprésente

On exige aujourd'hui des messages adaptés à notre époque : la culture du zapping et des flashs info encombrée de messages ne prend en compte que les informations dont la pertinence s'impose d'emblée. Mais avant tout, il faut choisir le bon moment, savoir quand communiquer et par quels moyens.

La contrainte temporelle est devenue incontournable : face à une situation de crise, il faut réagir vite tout en pensant à long terme. Le temps économique se trouve confronté au temps médiatique, chacun imposant ses exigences propres. C'est tout le paradoxe qui fait la spécificité du métier : le facteur temps intervient à tous les niveaux, y compris dans des perspectives différentes. Sans oublier la durée qui seule permet de construire une véritable relation avec le journaliste.

Les relations presse
dans l'univers de la communication

Quand la publicité privilégie l'impact à un instant « t », les relations presse jouent le temps dans sa durée. L'art des relations presse se fonde en grande partie sur la subtilité avec laquelle elles créent la relation avec le journaliste : elles ne s'adressent pas à des pourcentages ou à des pouvoirs d'achat. Un chargé de communication parle à un journaliste, à un éventuel allié qu'il devra convaincre grâce à des arguments pertinents et dont la parole n'aura pas la même résonance que les messages publicitaires ; une parole d'autant plus crédible que, dans ce cas, ce n'est pas l'annonceur qui vante ses propres mérites. Sans compter qu'une campagne de relations presse coûtera toujours moins cher qu'une campagne de publicité…

Une profession en pleine mutation

La multiplicité des médias, la surabondance des émetteurs, la confirmation de l'utilisation des outils informatiques qui accélèrent la vitesse de circulation de l'information : tout tend à une professionnalisation accrue d'un métier qu'on a longtemps cru « affaire de relations ». Ce souci de rigueur n'exclut toutefois pas le charme de la relation humaine. Une séduction d'autant plus raffinée que la part de « jeu » dans les relations presse a progressivement cédé la place à la technicité. Le bon chargé de communication doit savoir enchanter l'information qu'il met en scène, savoir entretenir une relation de qualité avec les journalistes à l'heure où le courrier électronique et la télécopie réduisent chaque jour davantage la part humaine des rapports.

Les relations presse de demain sont donc celles qui sauront concevoir de véritables modes d'action à court comme à long terme, tout en les réinscrivant dans une logique globale de communication. Ce sont celles qui, en permanence, relieront leurs objectifs aux complexités externes du marché, mais également aux complexités internes de l'entreprise qui les sollicite ; celles qui sauront réagir vite et rationnellement aux situations imprévues ; enfin celles qui miseront sur la qualité des relations qu'elles entretiennent avec les journalistes, qualité fondée en grande partie sur la crédibilité de l'information fournie, mais aussi et bien sûr, sur le savoir-faire du chargé de communication.

Chapitre 1

Les métiers de la communication

**Dans l'univers complexe
des métiers de la communication,
quelle est la place des relations presse ?**

Les cordonniers sont toujours les plus mal chaussés… Les professionnels de la communication ne dérogent pas à la règle : doués pour parler des autres, de leurs produits et de leurs savoir-faire, ils sont souvent en partie démunis lorsqu'il s'agit de parler d'eux-mêmes et de leur métier.

Les publicitaires, les premiers, ont compris le caractère préjudiciable de ce paradoxe. Sentant que l'explication de leur profession, la transparence et le décryptage de leurs pratiques étaient nécessaires pour assurer leur crédibilité et leur développement, ils ont commencé à se considérer comme un sujet de communication à part entière dès les années 1970. Les ouvrages savants sur les techniques se sont multipliés ; des patriarches comme David Ogilvy ont consigné leur savoir sur le papier ; des séminaires, colloques et festivals se sont organisés ; et une presse professionnelle est apparue dans les années

1980, gagnant au fur et à mesure une audience plus large que ses intéressés directs (*CB News, Stratégies…*). La publicité s'est mise à faire sa propre publicité. On se souvient encore de la campagne « Myriam » de l'afficheur AVENIR : *« Le 2 septembre j'enlève le haut »* – sulfureuse mise en abyme imaginée en 1981 par le brillant Philippe Michel, alors président de CLM BDDO.

En matière de relations publiques et de relations presse, rien de tout cela. À cette relative discrétion des professionnels des relations publiques et presse, on peut trouver trois explications majeures. D'abord, les circonstances de la naissance officielle du métier n'ont rien de particulièrement glorieux. Contrairement aux publicitaires, engagés dès le début pour vanter des produits merveilleux avec des slogans joyeux et divertissants, les relations publiques sont nées sous le signe de la crise. Créateur à New York en 1906 du tout premier cabinet de relations publiques, Ivy Lee s'efforça de redorer l'image de Rockefeller, alors aussi puissant que haï aux États-Unis pour avoir fait tirer sur des grévistes… Et c'est le krach de 1929 qui acheva de convaincre les entreprises américaines de la nécessité de maintenir un dialogue constant avec l'opinion publique.

Ensuite, les relations publiques et presse sont très – trop ? – longtemps restées un métier insuffisamment codifié, uniquement organisé autour de fortes individualités. Jusqu'aux années 1980-1990, la réalité des pratiques est demeurée dans un flou parfois savamment entretenu par des ténors jaloux de leurs recettes, soucieux de vendre au prix fort leur nom plutôt que leurs méthodes en exploitant allégrement la crédulité de leurs clients, au premier rang desquels figure l'archétypique PDG qui publie un livre de mémoires et désire le faire connaître aux médias… De fait, il est plus facile de communiquer sur le tournage d'un spot publicitaire ou sur les étapes de la construction d'un slogan que sur des conversations informelles tenues autour d'un verre avec un homme politique ou au téléphone avec un journaliste.

Enfin, les initiales « RP », elles-mêmes, sèment la confusion dans bien des esprits. Commode mais équivoque, ce raccourci empêche de distinguer nettement entre relations publiques et relations presse. L'amalgame si fréquent entre ces deux pratiques est tel que la question de leurs rapports exacts semble relever du tabou, et est la plupart du temps évacuée rapidement à l'aide de quelques définitions simplistes – même par les professionnels. Ce qui se conçoit bien s'énonce clairement : faute de bien cerner ce que l'on désigne respectivement par relations publiques et relations presse, on n'a peu de chance de saisir la réalité de ces deux métiers et de mesurer leurs enjeux actuels, les points qui les rassemblent et leurs différences.

Avant d'opérer cette dichotomie, toutefois, il vaut mieux tenter une approche « par la bande », et considérer les « RP », pour mieux les situer, comme un ensemble cohérent à l'intérieur de la vaste famille des métiers de la communication. Leur nature de prime abord intangible transparaîtra d'autant mieux.

L'ancienne constellation :
la publicité et ses satellites

Depuis les années 1980, les choses ont bien changé. Pour le comprendre, il faut se rappeler ce à quoi ressemblait alors le marché de la communication. Dans cette cosmogonie médiévale, la publicité figurait au centre de l'univers : tous les autres métiers de la communication gravitaient autour, satellites profitant de la lumière – et des budgets – de l'astre central.

C'est-à-dire, en fait, que tout était simple à cette époque : il y avait le « médias », et le « hors-médias ». Le « médias », c'était le domaine de la publicité, avec ses campagnes tous azimuts à travers la presse écrite, la télévision, la radio, le cinéma et l'affichage. Le « hors-médias », c'était une sorte de fourre-tout où cohabitaient pêle-mêle des spécialités jugées mineures à l'aune des « années fric », en raison de leurs coûts comparativement moins élevés que ceux de la publicité : marketing direct, sponsoring, relations publiques... Dans la présentation des comptes des annonceurs la distinction était nette : *above the line*, toutes les dépenses de publicité dans les grands médias ; *below the line*, toutes les autres dépenses de communication...

Les annonceurs ne juraient que par le « médias » qui leur permettait de toucher massivement le public et avait des effets quasi immédiats sur la notoriété de la marque et la progression des ventes. Il fallait, en outre, impressionner concurrents et distributeurs : quoi de mieux qu'une campagne de publicité spectaculaire pour affirmer la puissance d'une marque ?

La société de consommation triomphait après son *boom* des années 1970 : c'était l'âge d'or de la publicité. Les pionniers comme Marcel Bleustein-Blanchet avaient passé le relais à toute une génération d'agences ultra-créatives, menées par des « fils de pub » comme Jacques Séguéla et Philippe Michel, innovant et osant tout avec talent : le baroque, l'impertinence, l'humour, le sexe... La théorie des dominos spectaculairement revisitée pour LE SUCRE grâce à l'équipe de Jean-François Variot, les décalages décapants d'ERAM avec Étienne Chatiliez, l'opéra remuant de LA POSTE, la sculpturale Grace Jones avalant une CITROËN ou bien encore la « lionne » assoiffée faisant fuir le Roi des animaux pour PERRIER (deux spots signés Jean-Paul Goude) : combien de films réalisés à l'époque sont aujourd'hui l'objet d'un culte de la part des publivores et restent considérés comme de véritables petits chefs-d'œuvre ?

En coulisse, pour les annonceurs, la stratégie de communication se résumait à confier un gros budget à une agence de publicité qui, dans son plan, prenait quand même la peine de saupoudrer l'imposante machine « médias » de quelques prestations « hors-médias » associées aux opérations commerciales de promotion et de PLV. Tout âge d'or connaît fatalement un jour son crépuscule. Les *happy few* exubérants du monde de la publicité dirent bientôt adieu aux folles soirées où l'on voyait, par exemple, les filles du Crazy Horse former une haie d'honneur aux invités sur le perron de l'agence ÉQUATEUR...

Dès la fin des années 1980, l'univers de la communication a connu sa petite révolution copernicienne, redistribuant la donne entre la publicité et ses satellites, et rendant progressivement obsolète la distinction « médias » et « hors-médias ». En janvier 1993, les députés adoptèrent la loi Sapin sur les tarifs de la publicité et les achats d'espace. On allait assister à la fin des petites agences créatives en France et à l'accélération de l'écrasante mondialisation de la publicité. Événement autrement plus douloureux de la fin de cette époque, le 24 juillet de la même année disparaissait prématurément le créatif et turbulent Philippe Michel, qui fut aux « années pub » ce que James Dean fut aux « années rock'n'roll », un immense symbole.

Une nouvelle époque :
l'exigence du choix et de la rentabilité

Plusieurs facteurs sont intervenus dans cette redistribution des rôles. Tout d'abord, la fin d'une certaine forme de spéculation qui conduisait à une surenchère permanente sur les budgets. Le krach de 1987 et la récession qui suivit au début des années 1990 ont contraint bien des annonceurs à mettre un frein à leurs investissements publicitaires. Ensuite, l'attitude des consommateurs, lassés des paillettes et en quête d'authenticité, a considérablement évolué, entraînant du même coup une nouvelle conception de la communication des marques, non plus axée sur le produit et le statut, mais sur le service et la proximité. Peu ciblée, difficilement mesurable dans ses effets et souvent trop réductrice dans ses messages, la publicité dans les grands médias a perdu de son aura au profit, notamment, du marketing service et des nouvelles offres de communication. Enfin, l'explosion des technologies de l'information a tout bouleversé, en démocratisant l'accès des marques au grand public et en offrant de nouveaux outils de création et de marketing.

Fin de la société de consommation, naissance de la société du consommateur et de la société de l'information. La distinction « médias » et « hors-médias » ne s'effectue plus de la même façon. Tout en conservant un grand rôle, notamment par l'importance de ses investissements, la publicité a perdu son hégémonie : les annonceurs se sont soudainement mis à disposer d'une bien plus vaste palette d'outils de communication qu'auparavant. Leurs stratégies se sont enrichies en même temps qu'elles sont devenues plus complexes. Le marché s'est retrouvé peuplé de clients éduqués, désireux de mieux et moins dépenser.

Les marques ont dû s'habituer à recourir presque simultanément et de façon complémentaire à toutes les compétences des différents métiers de la communication : publicité *corporate* et produit, marketing direct, relations publiques et presse, communication interne et presse d'entreprise, événementiel, mécénat, sponsoring, communication d'influence et lobbying.

Avec l'arrivée des NTIC, la communication graphique se développe aussi, mais d'une façon différente, relevant toujours autant de l'esthétique, mais obligeant de plus en plus les directeurs artistiques à lâcher leurs crayons pour apprendre à manier la souris et la palette graphique. Par l'essor du design, de la PLV, des mises en page et par la naissance du *web design*, la communication graphique a incontestablement et largement accompagné le mouvement d'émancipation général des métiers de la communication.

Du marketing direct au marketing relationnel

Arrivé des États-Unis, sous sa forme moderne, au cours des années 1980, le marketing direct est sans doute le grand gagnant de cette évolution. Principal support d'un marketing service élargi, le marketing direct s'appuie sur la distribution d'imprimés, l'envoi de mailing et des campagnes de phoning à plus ou moins grande échelle dans l'espoir d'obtenir une réponse du consommateur permettant de constituer un fichier, préalable à un travail marketing individualisé. Il poursuit un triple objectif : identifier des prospects, ou bien provoquer un achat immédiat, ou bien encore entretenir une relation suivie avec la clientèle afin de la fidéliser.

Le marketing direct doit son extraordinaire succès aux importants progrès réalisés en matière de qualification des cibles et d'analyse des prospects. Des progrès, naturellement, largement induits par les nouvelles technologies et l'apparition de logiciels décuplant les capacités de diffusion des mailings, de mesure d'impact et de gestion des bases de données. Il est indissociable de l'entrée du marketing dans l'ère du service, entièrement tourné vers le client. Avec l'amélioration de ses techniques, d'ailleurs, son appellation a connu des variations : du simple « marketing direct », on est passé au « marketing opérationnel », puis au « marketing service ». On parle aussi à juste raison de « marketing relationnel », pivot de toute la relation-client, excédant largement le cadre étroit des débuts du marketing direct – synonyme de VPC et de tas de prospectus dans les boîtes aux lettres. Comme le résume un consultant et formateur en marketing direct, *« ce moyen personnalisé d'action commerciale, essentiellement fondé sur les fichiers de clients, d'anciens clients et de prospects, s'est en une vingtaine d'années transformé en un moyen individualisé d'entretien de la relation commerciale entre une marque, ses clients et ses prospects, tous identifiés et qualifiés ».*

Il faut savoir qu'une partie des activités liées à la marque sont souvent regroupées sous le terme de communication commerciale.

Événement : la communication par l'émotion

Autre vecteur du message des marques auprès de publics plus ou moins restreints, la communication événementielle doit être considérée comme un métier à part entière : ce n'est ni de la publicité pure et dure, ni vraiment des relations publiques, encore que les liens entre ces spécialités soient souvent étroits, comme nous le verrons plus loin. Pour reprendre la définition qu'en donne Isabelle Cousteil, directrice de l'agence IC & CIE, cette forme de communication se caractérise par sa dimension « *exceptionnelle, rare, originale et éphémère, même lorsque l'événement est récurrent. C'est une opportunité de rencontre, de partage autour d'un thème, d'une idée, d'une image. L'événement est fédérateur, donc, même s'il s'appuie en partie sur une émotion individuelle* ». La mise sur pied d'un événement requiert une extrême rigueur méthodologique même si sa forme elle-même peut être en grande partie d'ordre artistique. À cette rigueur doit être associée une forte dose de sensibilité, parce que l'événementiel touche l'humain, vise la création de liens, la réceptivité d'un message, et recourt largement à la dimension créative et imaginaire : « *La grande force de l'événement,* explique Isabelle Cousteil, *c'est sa capacité à créer ou renforcer un sentiment d'appartenance, quel qu'il soit.* »

Concrètement, la notion de communication événementielle recouvre des réalités très variées, qui dépendent beaucoup de son commanditaire. Elle peut ainsi prendre la forme d'une « réunion » interne revêtant une importance et une apparence hors du commun – autre chose que le comité de direction ou la réunion de forces de vente traditionnelle... Ce peut être une convention ou un séminaire assorti d'activités ou d'animations, un anniversaire, une commémoration particulière... Elle peut également consister en une « réunion » externe : conférence de presse, soirée de relations publiques, présentation de marque ou produit, inauguration de lieu ou de manifestation...

Sur ce marché très à part, abritant des prestataires de toutes natures et de toutes tailles, il est nécessaire cependant de distinguer deux grandes catégories d'agences :

les « logistiques », d'une part, qui se concentrent sur la réalisation concrète de l'événement et les difficultés techniques qu'il y a à accueillir 5 000 personnes en même temps ; et, d'autre part, les agences plutôt orientées sur la conception de l'événement, c'est-à-dire sur son inscription cohérente dans une stratégie de communication plus vaste, et sur les valeurs symboliques qu'il doit véhiculer.

Un autre satellite de la publicité : le sponsoring

Assez proches de la communication événementielle, les opérations de sponsoring ne peuvent cependant pas y être totalement associées. En effet, ce moyen pour une marque ou une entreprise d'investir un événement pour son image ou sa notoriété fait obligatoirement entrer en jeu un troisième terme, généralement absent de l'événementiel : la publicité.

Quand la BNP s'installe aux Internationaux de France à Roland Garros, ou quand FLEURY MICHON appose ses couleurs sur un voilier, le sponsoring s'apparente en fait à une forme d'achat d'espaces publicitaires dans les médias. Et ce sont d'ailleurs le plus souvent les agences de publicité qui prennent en charge les modalités de ces opérations. Le phénomène est encore plus évident lorsqu'il s'agit de parrainer une émission de télévision : quand les magasins LEROY-MERLIN financent la diffusion à 20 h 30 de courts reportages sur la décoration intérieure, ils assurent à leur marque une visibilité que ne leur procurait sans doute pas le traditionnel tunnel de publicité du *prime time*.

Mécénat : une affaire de président ?

En matière de mécénat, l'influence de la publicité est beaucoup moins évidente, surtout lorsqu'il s'inscrit dans le cadre de la politique sociale de l'entreprise, ou sert essentiellement sa communication interne. Cependant, qu'elles touchent aux domaines de la culture, de la solidarité ou de l'environnement, il n'est pas rare que ces opérations soient aussi destinées à renforcer la notoriété d'une marque ou son image – comme c'est le cas pour la Fondation Ronald McDonald's, qui finance des logements dans les hôpitaux pour les parents d'enfants malades. Outre sa vocation philanthropique, le mécénat intègre alors une importante dimension médiatique, faisant pleinement partie d'un plan de communication.

Reflet de cette société du consommateur qui réclame de plus en plus aux entreprises un engagement, l'affirmation et le respect de valeurs citoyennes, le mécénat s'est considérablement développé depuis une dizaine d'années. Selon les statistiques établies par l'ADMICAL (Association pour le développement du mécénat industriel et commercial), entre 1986 et 2000, le nombre des entreprises à pratiquer le mécénat et le montant des budgets alloués a été multiplié par six, tandis que le nombre total d'actions menées en France l'était par cinq.

Les outsiders de la com' : communication d'influence et lobbying

Au sein de la galaxie de la communication, les métiers les moins connus du grand public sont encore le lobbying et la communication d'influence. Le premier consiste en des actions de communication permanentes ou ponctuelles en direction des institutions publiques. Il s'agit de sensibiliser ces dernières aux problématiques d'entreprises ou de groupements d'intérêts de toute sorte, afin de peser sur leurs décisions et l'adoption des lois et réglementations. C'est une profession extrêmement technique, qui exige une parfaite connaissance tant des enjeux rencontrés (commerciaux, juridiques, scientifiques, politiques...) que du fonctionnement des institutions sollicitées. Pour cela, le lobbying fait appel à des compétences assez inhabituelles dans l'univers de la communication : avocats, juristes, experts, techniciens...

La communication d'influence, par comparaison, est un métier beaucoup plus classique. Il s'agit toujours de faire valoir un point de vue particulier, mais sur un mode beaucoup plus ouvert, moins technique ou juridique, plus proche du grand public et des collectivités locales. Elle utilise les mêmes procédés que le lobbying, mais ne s'appuie que sur les médias, et plus du tout sur des possibilités d'interprétation du droit. Typiquement, sa mission consistera à faire comprendre à l'opinion le bien-fondé d'un projet industriel, ou bien à constituer et mobiliser un réseau de soutien à la réalisation d'un projet culturel. Pour cela, elle s'adressera à des élus, à des responsables associatifs et aux relais médiatiques traditionnels, le plus souvent en publiant des notes d'information à l'argumentation soigneusement pesée.

Ces deux spécialités ont, elles aussi, connu un essor phénoménal au cours des années 1990. Pour le lobbying, deux facteurs ont joué : d'une part, l'imitation croissante des comportements en vigueur aux États-Unis ; d'autre part, l'explosion des nouvelles réglementations, dans tous les domaines et à toutes les échelles – au niveau européen, naturellement, avec le renforcement des institutions communautaires à Bruxelles, mais aussi mondial, avec la création du FMI, de l'OMC, etc.

La communication d'influence, de son côté, a vu son importance croître sous l'effet de la grande vague consumériste, comme une des réponses possibles aux exigences des consommateurs en matière d'information, de transparence et d'engagement citoyen de la part des entreprises.

Un métier à part : le journalisme

Ce tableau de famille des métiers de la communication ne saurait être complet si l'on ne mentionnait pas le journalisme – un parent proche que l'on met bien souvent un peu trop à part. En effet, hommes de médias, les journalistes sont naturellement des hommes de communication. S'ils s'expriment sur un mode et dans un but radicalement différents de ceux de la publicité, il n'en demeure pas moins qu'ils sont là pour construire et faire passer des messages. Leur attachement à leur indépendance fait parfois oublier l'étroitesse des liens qui unissent les journalistes aux autres métiers de la communication. D'abord, parce que la communication elle-même est un sujet pour certains supports de presse. Ensuite, parce que journalistes et chargés de communication, souvent considérés comme des frères ennemis, travaillent côte à côte au quotidien, un peu à l'image des juges et des avocats. Enfin, parce qu'il n'est par rare de voir d'anciens journalistes se reconvertir dans la communication pure et dure – comme rédacteurs-concepteurs, directeurs de la communication, lobbyistes, etc. Il ne faut pas oublier que le père des relations publiques, Ivy Lee, avait lui-même débuté sa carrière comme journaliste.

Les mille facettes du marché de la communication vues par BABOO'S DEAL

Agence spécialisée dans le conseil aux prestataires, le cas de **BABOO'S DEAL** a ceci d'intéressant que la liste de ses domaines d'intervention dresse une cartographie assez complète du marché de la communication. Elle met en lumière l'incroyable diversité de ce secteur où se rencontrent une foule de services, mêlant stratégie, marketing, création, formation, logistique… :

- Publicité ;

- Relations presse jeune grand public ;

- Relations presse art de vivre, maison, médical ;

- Relations presse agroalimentaire et cuisine ;

- Promotion des ventes stratégique ;

- Promotion des ventes tactique ;

- Trade Marketing (stratégie et opérations) ;

- Conseil en projet d'entreprise et projet de marque ;

- Animations sur les points de vente ;

- Design/Packaging ;

- Force de vente supplétive ;

- Création de noms de marques ;

- Formation commerciale force de vente ;

- Communication interne ;

- Chaîne de TV sur mesure et habillage de chaîne ;

- Presse et journaux d'entreprises pour les enseignes ;

- Stimulation réseau et force de vente ;

- Télémarketing commercial/consommateurs ;

- Stands : conception, fabrication, pose ;

- Édition virtuelle et électronique, CD-Rom ;

- Événement, convention, lancement de produits ;

- Affichage spectaculaire ;

- Studio de création graphique ;
- Promotion événementielle liée aux films cinéma ;
- Édition commerciale et promotion ;
- Centrale d'achat d'espaces ;
- Communication par l'objet et design d'objets ;
- Audiovisuel ;
- Marketing direct et relationnel ;
- Internet/Intranet ;
- Merchandising ;
- Véhicule publicitaire ;
- Stratégie et outils de communication pour les réseaux ;
- Camion ou autre véhicule pour *road show* ;
- Professionnalisation et formation des réseaux ;
- Cabinets d'étude *quali* et *quanti* ;
- Outils de vente : book de vente, de procédures ;
- Sponsoring sportif, événements sportifs, raid urbain/nature ;
- …

Au confluent des métiers de la communication : les RP, ou la quadrature du cercle

Si nous avons choisi de présenter les RP en dernier, c'est que ces dernières, tout en constituant une profession à part entière, procèdent également un peu de tous les autres métiers de la communication, interagissent transversalement avec eux. Chaque fois qu'une entreprise ou une institution se met en avant, se montre, prend la parole, bref, chaque fois qu'elle communique, elle fait des RP – même sans le savoir, même involontairement. Chaque fois que l'image est en jeu, les RP sont concernées.

Cette transversalité, cette diversité, ce côté passe-partout des RP a longtemps nui à l'image et à la compréhension du métier : on avait tendance à considérer les RP comme une discipline mineure, une annexe aux campagnes de communication, sans se rendre compte qu'elles figurent, en fait, bel et bien *au cœur* de toutes les stratégies. Tantôt ce sont les RP qui commandent le recours à d'autres outils de communication, tantôt ce sont au contraire les autres aspects d'une campagne qui exigent le recours aux RP. Si un responsable communication décide de se lancer dans une opération de relations publiques, il voudra certainement organiser un événement, ou en investir un comme sponsor afin de profiter d'un vecteur efficace pour sa communication. À l'inverse, une campagne d'affichage ou de marketing opérationnel profitera des RP afin d'asseoir un message dans la durée ou d'en mesurer concrètement l'impact sur l'opinion. À l'intérieur d'une stratégie de communication, les RP servent soit de catalyseur, soit de chambre d'écho et d'amplification. Mais, dans tous les cas, elles sont indispensables. Sans leur action, une communication tonitruante revient à jeter à l'eau un appât alléchant sans le relier à une ligne de pêche : on obtient un « plouf » bruyant, on attire beaucoup de poissons, mais on n'en remonte aucun…

« RP » contre « PR » : la confusion française

Outre cette pluridisciplinarité, il existe des freins sémantiques à une appréhension correcte de ce que sont les RP. Le premier tient à un phénomène de contagion culturelle, alors que les entreprises affichent une avance considérable en matière d'internationalisation sur leurs équipes et prestataires communication à la pensée encore très hexagonale et, souvent, maladroitement anglophone. Il semblerait en effet logique de traduire les initiales « RP », pour relations publiques et/ou presse, par leur équivalent anglais « PR », pour *press/public relations*. Mais cette équivalence n'est encore que théorique et suscite dans la pratique bien des approximations et des confusions. Le PR anglo-saxon n'est pas exactement le professionnel des RP français : il existe entre eux de subtiles différences qui ne cessent d'étonner et parfois de dérouter ceux qui ont l'occasion de côtoyer les deux systèmes. En France, cependant, on ose très peu s'interroger sur cet écart de sens de peur, peut-être, de passer pour des ringards du Vieux Continent aux méthodes de travail surannées, mais plus sûrement pour éviter d'aborder de front la question de la nature du métier – promesse de fastidieuses réflexions et remises en cause. C'est l'un des travers récurrent des soi-disant professionnels des RP : ils aiment vivre dans l'instant et l'action, toute forme d'introspection n'est qu'une perte de temps improductive…

Pourtant, sans faire de l'exemple anglo-saxon le modèle de perfection qu'il n'est pas, il peut être très utile de s'intéresser à la signification des lettres « PR » pour comprendre ce que sont nos RP. Au Royaume-Uni et, particulièrement, aux États-Unis, la question de la professionnalisation du métier, que notre ouvrage tente d'aborder, est résolue de longue date. Dans de nombreuses entreprises, les enjeux de la communication y sont pris en compte et intégrés à tous les niveaux de l'organisation. Les *communication officers* y jouent un rôle clé et englobant : ces PR sont des porte-parole tout-terrain pour les entreprises, dont la mission couvre sans discontinuité le conseil stratégique, la communication interne et, sans distinction, les relations avec les différents publics : médias, clients, actionnaires, institutionnels… Extrêmement liés au management, qu'ils conseillent très amont, ils se contentent de piloter les prestataires opérationnels, internes et/ou externes. Ils ont une grande conscience de leur haut degré de professionnalisme, et de la valeur ajoutée qu'ils apportent à leur client-entreprise.

Pour résumer la différence PR/RP, on peut dire que les PR abritent des consultants attachés à une stratégie, à une vision de la communication, capables de penser une image dans sa globalité ; dans les RP dominent des opérationnels, dont l'expertise est concentrée autour de la diffusion des messages plutôt que sur leur conception. Et ces opérationnels-là, qui plus est, ne savent pas toujours très bien qui ils sont : des professionnels des relations publiques ou des relations presse ?

Les relations presse, qu'est-ce que c'est ?

Une frontière floue et mouvante existe entre les relations publiques et les relations presse. Ces deux spécialités se recouvrent en partie sans pouvoir se superposer. On pourrait être tenté de considérer, à l'image des PR anglo-saxon, que les relations presse ne sont qu'une des modalités des relations publiques, que les médias ne sont qu'une cible parmi d'autres. C'est en partie vrai et c'est ce qui explique qu'un professionnel se présente rarement comme spécialiste de l'une ou l'autre seulement de ces disciplines. En théorie, qui œuvre dans les relations publiques doit être capable d'exercer dans les relations presse et vice-versa.

Pourtant, si la tradition française de RP continue de distinguer nettement les relations presse, ce n'est pas sans raison. Cette forme de communication possède tellement de particularités qu'elle peut très bien constituer un métier à part entière. Et pour être pratiquée avec efficacité, nous verrons plus loin qu'elle *doit* être considérée comme un métier à part.

Chapitre 2

La stratégie des messages

Les journalistes d'aujourd'hui sont non seulement sollicités, mais véritablement assaillis par une quantité innombrable d'informations. Celles-ci leur parviennent quasiment en temps réel grâce aux techniques modernes de communication, notamment les e-mails. Mais cette quantité ne va pas de pair avec la qualité : ces informations sont souvent peu fiables, non sourcées, non datées, et ne faisant fréquemment que reprendre des éléments parus ailleurs et non vérifiés. Cela est particulièrement vrai de la masse considérable de renseignements disponibles sur Internet, qui demande à être traitée avec la plus grande prudence, chacun étant libre de créer un site sur le sujet de son choix et d'y faire figurer à peu près n'importe quoi.

Face à cette surabondance, qui induit chez les journalistes saturation et même méfiance, le chargé de communication et son client doivent apporter un propos construit et fiable, une matière comportant une réelle valeur ajoutée, et un angle original apte à intéresser le journaliste et le média concernés.

Établir et fonder le cœur de discours sur des bases saines

Définition du message : qui fait quoi ?

Un principe de base : le professionnel de la communication ne doit en aucun cas définir le contenu du message. C'est au client – président, entreprise, association, collectivité, personnalité… – que revient ce rôle. Ce dernier doit décrire son activité de façon à lui donner une cohérence qu'il définira lui-même ; c'est lui qui choisit, le cas échéant, le message prioritaire qu'il veut transmettre : à son côté, le communicant peut aider et éclairer ses choix, il va guider leur mise en forme, il en sera ultérieurement le gardien de la fidélité et de la cohérence ; mais il ne peut ni ne doit se substituer au client pour en déterminer le fond. La communication politique fournit de nombreux exemples de « ratages » dus au non-respect des rôles de chacun, l'élu ou le chef de parti laissant son conseiller en communication définir à sa place le contenu de son message, pourtant censé reposer sur de solides convictions personnelles…

Dans la communication d'entreprise, le rôle du communicant est d'être le metteur en scène du message défini par son client : si 50 % de son travail concerne la matière, c'est-à-dire la mise en forme de ce message, l'autre moitié s'intéresse à la manière, c'est-à-dire à l'art de le transmettre et de le faire reconnaître comme fondé et pertinent. Il doit donc connaître les motifs et les objectifs des choix faits par son client.

Savoir argumenter

Manière et matière, tels sont donc les deux présupposés pour une bonne transmission d'un message en direction d'une cible. Derrière ce binôme indissociable, apparaissent en réalité les règles pour une argumentation *efficace*.

L'argumentation réside sur l'association entre des éléments rationnels, qui parlent à la raison, et des éléments relationnels, qui prennent en compte le contexte d'émission du message et la personnalité de celui ou ceux à qui il se destine. Négliger l'un ou l'autre de ces deux composants conduit à un message où l'information ne sera pas retenue ou sera déformée : soit les deux principaux écueils que cherche avant tout à éviter le communicant ! La fonction de l'argumentation est de rassembler différentes informations, de les classer et de les ordonner en fonction d'une visée précise ; dans le cas des relations presse, l'argumentation aura ainsi pour but de sélectionner, parmi la masse d'éléments disponibles chez le client, ceux de nature à séduire les journalistes et à les intéresser en fonction de l'actualité et de leurs sujets de prédilection. C'est en ce sens que l'on peut considérer le communicant comme un véritable metteur en scène : il ne crée pas l'information, mais l'ordonne en fonction du sens qu'il veut lui donner pour mieux répondre aux attentes de la presse et de l'actualité. Rationnel et relationnel, logique et sensibilité, conviction et persuasion : un bon message suppose l'association de deux opposés.

Le schéma de Lasswell

Après la Seconde Guerre mondiale, l'Américain Harold Lasswell (1902-1978), chercheur en sciences politiques et théoricien de la communication, publia un schéma ramenant l'acte de communication à « une équation à cinq inconnues ».

Aujourd'hui encore, ce schéma demeure d'actualité pour comprendre comment communiquer efficacement. En effet, on constate trop souvent des messages bâtis de

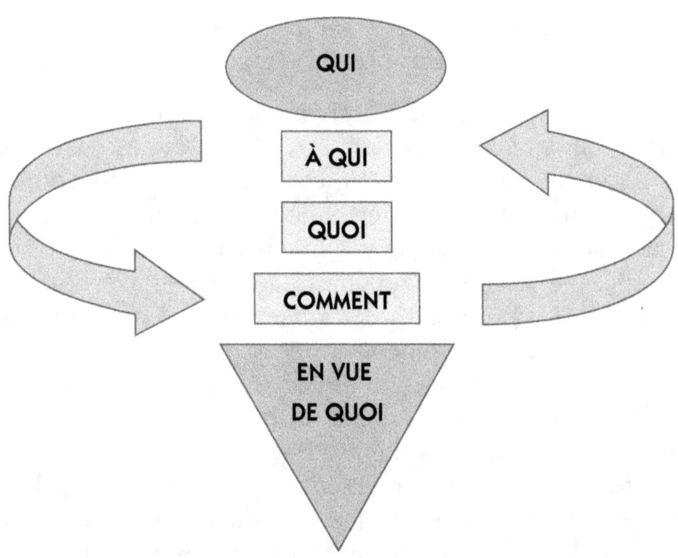

manière non rigoureuse, où l'un des cinq composants essentiels rappelés par Harold Lasswell a été négligé. Conséquence : une communication dont le contenu est oublié par le destinataire, ou dont le sens est considérablement transformé. On ne saurait donc trop recommander de se souvenir de ce schéma au moment de bâtir sa communication.

Le rôle fondamental de la matrice argumentaire

Le journaliste, comme on l'a vu plus haut, recherche une information fiable, assez ouverte pour qu'il puisse en discuter ou approfondir certains aspects, et qui ne ressemble en rien à de la propagande.

Pour lui fournir une telle denrée, le communicant doit « se mettre dans la peau » de son interlocuteur et lui proposer, à partir des éléments vus plus haut, une argumentation capable de le convaincre sur le fond et de le persuader sur la forme. Il doit connaître les forces et les faiblesses de son dossier, imaginer les objections, peser le pour et le contre des réponses qu'il fournira, en résumé, bâtir un véritable argumentaire lui permettant de présenter, d'illustrer et de défendre. Cette partie du travail de communication doit, pour être complète et efficace, être menée selon une méthodologie précise et rigoureuse, celle de la matrice argumentaire :

* par un important travail préalable en interne avec son client, le chargé de communication doit créer chez ce dernier une cohérence du propos, pas toujours manifeste au départ ;

* ce *brainstorming* doit également permettre de faire surgir et de mettre à jour la partie induite, voire négative, du contenu du message, de façon à ne pas sembler vouloir l'occulter et à prévoir à l'avance des éléments de réponse ;

* il faut donc pouvoir aborder, dans ce cadre et avec l'entreprise, tous les sujets qui dérangent... ou qui pourraient plus tard déranger les journalistes !

Ce travail peut sembler inutile ou fastidieux. Il est pourtant indispensable, et l'on voit constamment des actions de communication enregistrer des « couacs » difficilement rattrapables ensuite, qu'une telle préparation minutieuse aurait permis d'éviter.

À partir de ces éléments, le communicant doit ensuite bâtir sa matrice argumentaire. Celle-ci recense toutes les questions que peut engendrer le message défini par le client, et toutes les réponses qu'il sera possible d'y apporter. La matrice argumentaire doit devenir la véritable colonne vertébrale de la communication de l'entreprise, le document référent pour toutes les actions ultérieures. Elle ne pourra remplir ce rôle que si elle a été conçue de la manière la plus exhaustive possible :

dans l'énumération des questions-réponses, il faut par exemple se garder d'omettre tout ce qui a trait au domaine du sensible ou même de l'irrationnel. Ce sont là bien souvent des composantes incontournables de l'image de l'entreprise, donc de sa communication.

Une fois réalisée, la matrice argumentaire permet de décliner l'ensemble des instruments de cette communication : de la plaquette de présentation, qui en reprendra plusieurs éléments, au communiqué de presse, qui donnera sur un sujet précis – et un seul – le point de vue du client. Des prises de parole plus sophistiquées peuvent être utilisées : de nouveaux outils (*fact sheet*, *position papers*, ou notes de presse) permettent de s'adresser de façon quasi personnalisée à certains journalistes dont l'expertise personnelle est reconnue. Mais c'est la matrice argumentaire qui donnera sa cohérence à l'ensemble, les divers communiqués que l'entreprise sera amenée à publier étant en quelque sorte l'arborescence du tronc central qu'elle constitue. Même s'il n'a pas à le définir, le rôle du communicant dans l'élaboration du message de son client est donc fondamental. Il devra intervenir pour éclairer l'entreprise dans ses choix stratégiques : savoir quoi dire, quand et sous quelle forme, tout respectant la logique globale définie par la matrice argumentaire.

Quand le « qui » se mêle au « quoi »

Une fois le travail sur la matrice argumentaire accompli, le chargé de communication dispose d'une matrice de discours dans laquelle il peut aisément naviguer en fonction de ses propres objectifs, mais aussi des attentes des journalistes. Dès lors qu'il dispose de ce cadre cohérent, il est en mesure de bâtir différents messages qui, s'ils sont divers dans leur forme comme dans leur contenu, respecteront tous l'identité et les principes essentiels de la marque ou de l'entreprise défendue. À l'heure où les produits se ressemblent de plus en plus, où les offres présentent une qualité similaire, cette notion de marque est déterminante : l'identité qu'elle véhicule est de nature à créer de la différence et s'impose comme un atout concurrentiel. Alors que les communications Produits d'hier pouvaient apparaître simples au sens où seul le produit était mis en avant, celles d'aujourd'hui présentent la nécessité d'y associer la marque et son identité : le « qui » se joint désormais au « quoi » pour une communication réellement efficace. Ce qui complexifie singulièrement la communication, et renforce encore, en amont, le rôle de la matrice argumentaire.

Le dossier de presse[1]

Avant que d'aborder en détail les différents supports dont doit s'entourer le chargé de communication, il semble utile de présenter, en « avant-première », le dossier de presse institutionnel. En effet, au même titre que la matrice argumentaire pose les fondements du discours de l'entreprise, le dossier de presse dresse la carte d'identité du client, mais sous une forme directement opérationnelle. Il a pour fonction essentielle de définir le « qui » et de fixer les différentes postures et thèmes de communication supposés refléter au plus près l'entreprise ou le client : d'une part, son identité, sa personnalité, son histoire, en bref, son « âme » ; d'autre part, ses produits, ses offres, et donc ses thèmes de prises de parole légitimes. En ce sens, le dossier de presse *argumente* : il donne du sens au discours de l'entreprise en classant les éléments hétéroclites qui la font et la composent, pour lui apporter une vision et une identité singulières.

---

1. Voir également au chapitre 4 pour une interview de grands journalistes s'exprimant à ce sujet.

Le dossier de presse obéit ainsi, dans le cadre d'une stratégie de relations presse, aux règles évidentes qui régissent les rapports humains : que penser d'une personne venant adresser une requête ou un avis à une autre, sans s'être au préalable présentée et avoir expliqué en quoi elle est légitime pour questionner ou conseiller ? Il en est de même pour le dossier de presse. Avant que de développer ses savoir-faire et ses expertises (son « quoi »), l'entreprise doit nécessairement dire « qui » elle est pour que ses communications soient crédibles et ainsi acceptées par la presse.

Dix règles essentielles
pour produire un dossier de presse efficace

1. Présenter

« On n'a jamais deux fois l'occasion de faire une bonne première impression » : la première mission du dossier de presse est de présenter l'entreprise. Il livre à la presse ses fondamentaux, ce en quoi elle est singulière. Celui qui conçoit le dossier de presse doit alors :

- produire un document vivant, documenté et conçu pour être archivé par le journaliste ;

- baliser le territoire de communication de l'entreprise. Le dossier de presse s'inscrit dans un contexte et présente la diversité des sujets de l'entreprise ;

- mettre en scène l'émetteur et la richesse de son identité. Le dossier de presse argumente de manière objective pour mettre en valeur tous les aspects positifs de l'entreprise. Si cela est bien fait, le journaliste pourra alors reprendre à son compte, non seulement les informations contenues dans le dossier, mais aussi la manière de les relier et de les mettre en perspective ;

- offrir un discours cohérent et séduisant. Le dossier de presse hiérarchise les informations de manière à les rendre séduisantes et compréhensibles pour les journalistes ;
- choisir un ton et un vocabulaire positifs. Le dossier de presse définit le ton du discours le plus approprié et sélectionne le meilleur vocabulaire possible pour présenter l'entreprise, celui qui véhiculera un induit positif.

2. Hiérarchiser

Le dossier de presse, à la manière de la pratique journalistique, classe les informations en fonction de leur degré d'importance, en distinguant les points stratégiques de ceux plus secondaires venant en illustration. Il a aussi pour obligation de livrer des informations précises et vérifiées, puisqu'il constitue l'une des premières sources pour le journaliste. Enfin, il doit opérer une sélection des éléments à communiquer : il est hors de question de tout dire sur l'entreprise (cela peut être le rôle du rapport annuel), mais il est important de choisir avec pertinence ce dont le journaliste pourrait avoir besoin.

3. Argumenter

Le dossier de presse doit permettre au journaliste de gagner du temps. Si le rôle de ce dernier est de poser des questions, le dossier de presse doit donc les anticiper et apporter les réponses correspondantes. À la manière d'un avocat, il est le défenseur de l'entreprise, en connaît les forces et prévoit les critiques pour y apporter aussitôt une contre-argumentation.

4. Persuader

Bien sûr, la crédibilité d'un dossier de presse suppose nécessairement des informations vérifiées, objectives et classées en fonction d'une visée. Mais, pour être efficace, il doit également savoir persuader grâce à une argumentation sensible, faite de convivialité. Savoir présenter agréablement le document grâce à une mise en page aérée, des illustrations, des images, des chiffres, des anecdotes, ou encore des encadrés, participera à la lisibilité du dossier et au « plaisir » qu'aura le journaliste de le consulter.

5. Séduire

Par le terme de séduction, il faut entendre « capter durablement l'attention du journaliste ». Le bon dossier de presse sera celui qui sait pimenter l'information et créer une relation de connivence avec son lecteur : il ne faut donc pas hésiter à faire preuve d'une certaine originalité – qui ne signifie en aucun cas excentricité – en adoptant un ton enlevé ou en saupoudrant le dossier de quelques illustrations inattendues ; par exemple, un quiz sur un sujet technique ! Autre conseil pour attirer la pluralité des lecteurs d'un dossier de presse : multiplier les entrées de lecture. Le dossier de presse doit être conçu selon différentes « briques » d'information, hiérarchisées par des titres, des sous-titres, des puces, des retraits, de la graisse, de l'italique… En fonction de ses attentes, le journaliste pourra ainsi sélectionner plus facilement les éléments qui l'intéressent.

6. Parler vrai

Parler vrai est une condition *sine qua non*. Le dossier de presse est avant tout un outil au service du journaliste, et rien ne lui déplaira plus qu'un document imprécis, creux, parsemé de contrevérités ou faisant preuve de langue de bois. En cas de crise notamment, les questions embarrassantes, les manques ou les erreurs doivent être traités sans faux-semblants. La vérité est toujours gagnante, même face à la presse, alors qu'une tentative de dissimulation se payera au prix fort, et pour longtemps.

7. Durer

En raison de ses caractéristiques – une référence qui met en valeur les caractères spécifiques et durables de l'identité de son émetteur –, le dossier de presse est conçu de manière pérenne, c'est-à-dire pour une année minimum. Il cherche à démontrer la continuité d'une entreprise à travers les nombreuses évolutions qu'elle connaît, et constitue en ce sens un document qui s'appréhende sur la durée. Pour cela, sa réactualisation doit être aisée : derrière les invariants de l'identité – les fondements posés par la matrice argumentaire – l'entreprise évolue et change en permanence ses d'offres, sa stratégie ou ses résultats ; l'architecture du dossier doit donc être souple et modulable, ce qui peut amener à concevoir le dossier sous forme de fiches plutôt que de document relié. Il est plus facile de remplacer une seule page qu'un dossier entier ! Rien n'interdit non plus de joindre au dossier un complément sous forme de communiqué ou de note de presse à l'occasion d'un nouveau sujet promu par l'entreprise. Enfin, la rédaction doit adopter un style « indémodable » : le rédacteur doit en permanence se demander si ce qu'il rédige sera toujours compréhensible un an plus tard.

8. Donner à voir

Un bon dessin vaut mieux qu'un long discours : le dicton s'applique en tout point au dossier de presse, et il vaudra mieux illustrer son propos par un schéma ou un tableau qu'avoir recours à de longs blocs de textes difficilement lisibles. Dans un dossier de presse, la forme est déterminante pour cerner le fond : un parcours de lecture efficace, utilisant toutes ressources de la typographie et de la mise en page, contribuera grandement au bon accès au contenu du dossier. Il ne faut pas non plus hésiter à largement utiliser l'iconographie et l'illustration graphique, qui personnaliseront le dossier et lui donneront une âme.

9. Encadrer

Au-delà de sa fonction explicite pour la presse, le dossier de presse peut également servir à l'entreprise émettrice : en mettant en mots et en forme le discours de l'entreprise, il a naturellement vocation à servir de matrice argumentaire opérationnelle à ses porte-parole. Ainsi, tous ceux qui sont amenés à s'exprimer au nom de l'entreprise peuvent y avoir recours pour se remémorer les axes essentiels du discours ; la communication de l'entreprise y gagnera en cohérence.

10. Éviter d'être…

Cette dernière règle est en réalité moins une « règle » qu'une liste des quatre erreurs à ne jamais commettre. Certains trouveront ces écueils évidents, mais il est tout de même plus sage de les rappeler si l'on en juge par certains dossiers actuellement en circulation.

Le dossier de presse doit donc éviter à tout prix de ressembler à :

- un document commercial : les journalistes ne sont pas des consommateurs ;

- une fiche marketing : les journalistes ne sont pas plus des commerciaux ou des prospects ;

- un message publicitaire : les journalistes sont encore moins des victimes crédules des « affiches » ou des slogans ; ils recherchent avant tout le sens, et non la séduction sensible ;

- une note interne d'information : les journalistes sont le plus souvent généralistes et ignorent tout des habitudes internes de l'entreprise.

Un support adapté
pour chaque type de messages

Les messages publiés lors d'une campagne de relations presse sont de natures diverses, et ont recours à différentes formes selon le contenu qu'ils cherchent à transmettre : un dossier de presse ne portera pas les mêmes intentions qu'un communiqué, qu'une lettre ou qu'une tribune. Le chargé de communication, en fonction du type de discours qu'il doit communiquer, choisira donc avec pertinence l'une ou l'autre forme. Faire le bon choix est déterminant, car quel que soit l'intérêt du sujet, celui-ci ne sera retenu que si le support qu'il utilise lui correspond et répond aux attentes de la presse. Forme et fond, une nouvelle fois, sont indissociables.

Trois grands types de support peuvent être identifiés : les outils d'aide pour le chargé de communication ou son client face aux journalistes ; les documents d'information pour les journalistes ; enfin, les courriers.

Les outils d'aide pour le chargé de communication ou son client

Avec les outils d'aide à l'usage du chargé de communication ou de son client, on entend les documents conçus à leur usage exclusif : ils ne sont jamais transmis aux journalistes, et servent essentiellement à épauler les communicants lors d'un rendez-vous journaliste ou d'une conversation téléphonique.

Dans cette catégorie, on distingue les *Q & A* (*questions and answers*, ou questions-réponses) des argumentaires. La proximité syntaxique de ces deux termes avec la matrice argumentaire ne doit pas conduire à leur confusion : tandis que la matrice intervient en amont comme un cadre générique à toute communication sur tel sujet ou telle entreprise, les *Q & A* et les argumentaires sont des documents opérationnels, conçus spécifiquement pour un sous-thème de la communication globale traitée par la matrice et le dossier de presse. L'un et l'autre ont pour rôle de faciliter le travail de transmission orale du message auprès des journalistes.

• *Les* Q & A

Comme leur nom l'indique, les *Q & A* sont conçues sous la forme d'un jeu de questions-réponses. Ils listent, pour un thème de communication précis, l'ensemble des questions susceptibles d'être posées par la presse (ou autre). Il est bien évident qu'aucune d'entre elles ne doit être évitée, et surtout pas les plus difficiles : le rôle premier des *Q & A* est d'empêcher d'être pris au dépourvu par une demande à laquelle l'on ne s'attendait pas et pour laquelle l'on n'était pas préparé !

La conception des *Q & A* est relativement aisée, au sens où aucun effort de mise en page ou de rédaction n'est nécessaire. Utilisables à l'oral, ils ne répondent à aucun critère « esthétique »… mais doivent toutefois être irréprochables sur le plan de l'argumentation. Notamment dans le cas de questions difficiles, il ne faut pas hésiter à reconnaître une erreur, à faire une concession, mais pour s'appuyer dessus en renversant la charge de la preuve.

- **Les argumentaires**

Leur nom l'indique également, les argumentaires dressent une liste d'arguments. Véritables pense-bêtes, ils permettent au chargé de communication ou à son client de ne rien oublier d'essentiel lorsqu'ils se trouvent face à un journaliste ou lors d'une conversation téléphonique. Mais à l'inverse des *Q & A* qui fournissent des éléments de réponse et constituent donc un discours de *réaction*, les argumentaires proposent un discours proactif. En quelque sorte, ils cherchent à promouvoir le produit ou l'entreprise, et non à les défendre.

Pour concevoir un tel document, quelques règles simples sont à respecter :

- *faire preuve de simplicité*. Un argumentaire s'emploie à l'oral ; il faut donc éviter une rédaction développée comme pour une publication écrite. Si tel était le cas, le principal écueil serait de lire le texte rédigé, ce qui enfermerait le communicant dans un message figé. Il est nettement préférable pour conserver la spontanéité de l'oral de rédiger son texte en simplifiant au maximum la syntaxe : les principales idées suffisent, et il n'est pas nécessaire de respecter toutes les règles de la grammaire française !

- *privilégier la forme visuelle*. Pour être efficace, un argumentaire doit être accessible et compréhensible au premier regard. Il ne faut pas hésiter à employer un corps de police large, ni à sauter des lignes, ni à user des puces, encore moins à utiliser la graisse pour les mots les plus importants (attention toutefois à ne pas en faire un usage excessif, au risque de parvenir à l'effet inverse à celui escompté) ;

- *utiliser des arguments à la fois sensibles et rationnels.* En relations presse, le communicant n'est pas un publicitaire qui cherche à séduire des consommateurs. Il est un apporteur d'informations sensées pour des journalistes qui s'appuient sur des faits objectifs. Il s'agit donc de concevoir une argumentation capable de remporter la conviction grâce à des arguments rationnels, vérifiés et objectifs. Cela n'empêche toutefois pas l'introduction de quelques arguments plus sensibles, afin de jouer aussi sur la force de persuasion : des exemples ou des comparaisons seront les bienvenus pour concevoir un argumentaire efficace.

Cf. Exemple d'argumentaire de communication p. 257 en annexe.

Les documents d'information
à l'usage des journalistes

Ces documents sont les plus sensibles et les plus délicats à produire, puisqu'ils sont directement remis aux journalistes. Autant dire qu'ils véhiculent l'image de marque de l'entreprise et qu'une imprécision, une contre-vérité, voire une simple coquille, seront du plus mauvais effet pour la communication que l'on cherche à produire. Sans oublier que tout ou partie de ces documents peut être directement reproduit dans la presse : il n'est pas rare qu'un paragraphe entier d'un communiqué de presse figure en toutes lettres dans un journal. On ne saurait donc trop insister sur le soin particulier que le communicant attachera à la rédaction de ces messages.

Autre conseil générique applicable à l'ensemble de ces documents à destination des journalistes, ne pas négliger l'identification de l'entreprise : chacun de ces supports doit porter en en-tête son logo et se conclure par une *baseline* rappelant en quelques lignes son histoire, son positionnement et ses chiffres clés. La présence des coordonnées du chargé de communication (nom/adresse/e-mail/téléphone/fax) est également une nécessité absolue pour que le journaliste ait facilement accès à une personne capable de le renseigner s'il est en attente d'informations complémentaires. Mieux vaut d'ailleurs ne fournir les coordonnées que d'un seul contact : proposer une pluralité d'interlocuteurs peut être source de confusion, et il est préférable que le chargé de communication joue le rôle d'aiguilleur s'il n'est pas lui-même capable de répondre à la demande de la presse ; véritable coordinateur des relations presse auprès des différents porte-parole de l'entreprise, il orientera, si nécessaire, les journalistes vers le porte-parole adéquat en fonction du sujet traité.

Ces règles peuvent sembler évidentes à beaucoup, mais l'on est parfois surpris par le nombre de publications à destination de la presse qui oublient ces informations pourtant essentielles !

- **Le dossier de presse**

Déjà largement abordé quelques pages plus tôt, le dossier de presse ne fera pas ici l'objet d'un long développement. On indiquera simplement qu'il peut être soit institutionnel (cf. point précédent), soit spécifique à un thème de communication particulier. Dans ce dernier cas, les préconisations formulées page 46 pour le dossier institutionnel s'appliquent, à la différence près que l'identité de l'entreprise transparaîtra plutôt qu'être ouvertement revendiquée. Sa durée de vie sera également moins longue, puisqu'elle ne correspondra plus qu'à celle du produit ou du thème de communication, au lieu de celle de l'entreprise.

Cf. Exemple de sommaire d'un dossier de presse ayant évolué d'une année sur l'autre p. 260 en annexe.

• *Le communiqué de presse*

Support le plus couramment utilisé par le chargé de communication, le communiqué de presse a pour rôle de livrer des informations factuelles aux journalistes. Il rythme également l'actualité de l'entreprise et donne le tempo de sa communication.

Le communiqué de presse est utilisé pour transmettre des informations ponctuelles et directement liées à la vie quotidienne de l'entreprise. Véritable reflet de son actualité, il peut être produit pour évoquer, soit :

- le « qui » de l'entreprise : nomination, réorganisation, rachat, ouverture du capital, partenariat stratégique… ;
- le « quoi » de l'entreprise : nouveaux contrats, nouveaux produits, événement…

Quel que soit son objet, sa réalisation obéit à quelques règles précises, au premier desquelles figure l'objectivité : un bon communiqué doit pouvoir être repris tel quel par la presse, ou tout du moins certains de ses paragraphes ; au minimum, il faut qu'il puisse servir de base de travail pour le journaliste et que ses informations soient les supports d'un article qui les remettra en perspective selon son angle propre. La rédaction du communiqué doit donc, en permanence, tenir compte de cette fonction essentielle d'apporteur d'information pour la presse : le ton doit rester neutre et factuel, et le contenu s'appuyer sur une argumentation rationnelle et objective – qui n'empêche pour autant pas la séduction !

Dans son contenu, le communiqué de presse obéit à la règle des « cinq W » : le premier paragraphe doit fournir un condensé du message et répondre aux questions *Who* (qui), *When* (quand), *Where* (où), *What* (quoi) et *Why* (pourquoi). Le deuxième paragraphe sera à l'inverse consacré au développement du fait et précisera les conséquences ou ce que l'on attend de l'événement décrit ; le troisième réintégrera le fait au sein de l'identité et de la politique globale de l'entreprise (cf. page 42). À cette occasion, la citation d'un porte-parole (avec son nom, prénom et fonction précise) sera toujours la bienvenue pour donner de la chair à l'information. Enfin, le communiqué se conclura par la *baseline* de l'entreprise et le contact auprès duquel le journaliste pourra obtenir des informations complémentaires.

Dans sa forme, outre les contacts et l'identification de l'entreprise par le biais de son logo en en-tête et de sa *baseline* en conclusion, le communiqué devra être systématiquement :

- *Daté*. Le mois et l'année sont indispensables et doivent apparaître en tête de document ;

- *Titré*. Le titre doit être court et incisif pour retenir l'attention du lecteur ;

- *Hiérarchisé*. L'information principale doit figurer dès le premier paragraphe – qui peut être graissé sous forme de chapeau –, tandis que les suivants servent à développer les points essentiels, par ordre croissant d'importance ;

- *Soigné*. La rédaction doit être factuelle et comporter des phrases simples et courtes. Les informations sont objectives et sans commentaires ;

- *Condensé*. Le contenu du communiqué doit pouvoir tenir sur une seule page, suffisamment aérée avec une police de corps 11 ou 12. Dans le cas d'une information trop abondante, il peut être utile de joindre en annexe les renseignements complémentaires... ou d'opter pour une autre forme de support, comme le dossier ou la note de presse s'ils sont adaptés !

Cf. Exemples de communiqué de presse « Nominations » p. 262 et 264 en annexe.

Cf. Exemple de communiqué de presse « Success Story » p. 266 en annexe.

Cf. Exemple de communiqué de presse « Étude » complété d'une invitation p. 268 en annexe.

Cf. Exemple de communiqué de presse « Vie de l'entreprise » p. 271 en annexe.

- **La note de presse**

La note de presse se situe entre le dossier et le communiqué. Elle s'adresse généralement à un panel restreint de journalistes, sélectionnés pour leur importance, leur compétence ou leur niveau de connivence avec l'entreprise ; elle livre ainsi une information d'importance, sélectionnée, riche et précise, que l'on souhaite communiquer de manière qualitative plutôt que quantitative.

La note de presse développe un sujet de manière plus large que ne l'aurait fait un communiqué, et sous une forme différente que celle du dossier de presse. Alors que ce dernier livre une information hiérarchisée, ordonnée et divisée en différentes thématiques, la note de presse constitue un article clé en main. Elle permet d'illustrer pour le journaliste toute l'importance d'un sujet, et comment celui-ci, sous forme d'article, est de nature à fournir une matière directement exploitable par la presse. L'objectif n'est surtout pas de faire le travail à la place du journaliste, mais bien plutôt d'éveiller son intérêt par un contenu organisé de façon similaire à ce qu'il produit. À charge pour lui de rebâtir ensuite l'article et de le compléter par tous les autres éléments d'information qui lui sembleront pertinents.

- ***La tribune***

À l'inverse du communiqué, du dossier ou de la note de presse qui sont rédigés par le chargé de communication ou son équipe, la tribune émane des plus hautes représentations de l'entreprise : le PDG, le président du directoire, du conseil d'administration, un directeur de pôle, etc. C'est un texte signé, parfois accompagné d'une photo de son auteur et que l'on cherche à publier *in extenso* dans un journal. On « cherche » seulement, car encore faut-il convaincre la rédaction dudit journal de la faire paraître et se méfier des coupes qui pourront être pratiquées si le texte est jugé trop long.

La rédaction d'une tribune n'est pas anodine. Nombreux sont les candidats à vouloir en rédiger une, mais peu ont réellement des choses à dire. Le rôle premier d'une telle publication est en effet d'apporter une vision, un point de vue si possible original sur un sujet donné : il ne s'agit pas de reprendre des informations creuses que tout le monde connaît, mais bien de mener une analyse et de proposer une réflexion au lecteur. La question n'est pas tant le sujet que la manière de le traiter et de le problématiser pour le faire sortir de sa sphère originelle et toucher des thèmes de société essentiels.

Il est à noter que la tribune médiatise plus son auteur que l'institution ou l'entreprise dont il dépend. Son objet n'est pas de vanter tel ou tel produit, telle ou telle solution, telle ou telle entreprise : si tel était le cas, le texte n'aurait strictement aucune chance d'être publié, les journaux n'étant pas conçus pour faire de la publicité. S'ils acceptent une tribune, c'est qu'ils estiment qu'elle obéit à une certaine objectivité et que le propos tenu dépasse largement le cadre d'activité dont dépend son signataire.

Cf. Exemple de tribune p. 273 en annexe.

Les courriers

Les courriers constituent un élément essentiel pour l'animation de la relation avec les journalistes. Ils permettent de nouer des rapports plus personnels et contribuent à renforcer les liens entre la presse, l'entreprise et/ou le communicant.

On ne saurait trop insister sur le soin particulier qui doit être porté à la rédaction d'une lettre puisqu'elle véhicule l'image de son émetteur : les coquilles, les ratures, les erreurs de syntaxe ou les formulations maladroites sont à éviter à tout prix ! En outre, le courrier n'est pas neutre, car il traduit une demande, une attente, un avis, ou un simple remerciement. Toute la finesse de sa rédaction repose donc sur la manière de transmettre avec tact et intelligence son contenu, en fonction de la personne à laquelle il s'adresse et du degré de proximité entretenu avec elle.

Quel que soit le type de lettre rédigée, quelques règles évidentes sont à respecter :

- l'identification de l'émetteur doit être immédiate, par le biais d'un logo et d'une adresse en en-tête ou en pied de page ; les coordonnées de l'agence ou du service presse de l'entreprise doivent également clairement apparaître ;
- le courrier doit être daté, et le lieu d'envoi précisé ;
- le nom du destinataire, le média pour lequel il collabore et son adresse doivent figurer à droite, avant le début de la lettre au sens strict ;

* éventuellement, l'objet de la lettre peut être indiqué ;
* le courrier doit se conclure par une formule de politesse adaptée au sexe du récepteur et à la nature de la relation entretenue ;
* la signature doit être manuscrite, mais aussi rappeler en toutes lettres les prénom, nom et fonction de l'émetteur.

Cf. Exemple de présentation de courrier p. 275 en annexe.

En fonction de la situation et des attentes du communicant, différents types de lettres peuvent être rédigés. Les plus courantes sont ici exposées, à savoir : la lettre d'accompagnement ; la lettre de demande de rendez-vous ; la lettre d'invitation ; la lettre de demande de droit de réponse ; la lettre de remerciement.

• *La lettre d'accompagnement*

La lettre d'accompagnement s'impose lors d'un envoi sensible, comme un dossier de presse, une tribune ou une note de presse (du fait de sa brièveté et de son caractère générique, le communiqué de presse n'en nécessite pas). Elle permet de contextualiser l'envoi et de rappeler en quelques lignes ses raisons et l'identité de celui que l'on cherche à médiatiser. Elle ne porte donc pas de but en soi, si ce n'est celui d'établir un contact et de sensibiliser le journaliste à l'envoi et à l'utilisation qui peut en être faite.

Cf. Exemple de lettre d'accompagnement d'un dossier de presse p. 276 en annexe.

• *La lettre de demande de rendez-vous*

À l'inverse de la lettre d'accompagnement, la lettre de demande de rendez-vous doit déboucher sur un résultat : l'obtention du rendez-vous ! Pour une telle lettre, il est donc conseillé d'être directif, mais de manière discrète. Un bon moyen consiste, après avoir présenté l'objet et l'intérêt du rendez-vous pour le journaliste, de proposer spontanément une ou deux dates de rencontre, et de prévenir le journaliste que l'on cherchera très prochainement à le joindre pour savoir s'il est disponible aux heures et dates fixées. Il ne sera ainsi pas surpris par l'appel prochain du communicant, tout en étant déjà sensibilisé à sa requête.

 *Cf.* Exemple de lettre de proposition de rendez-vous p. 277 en annexe.

• *La lettre d'invitation*

La lettre d'invitation est assez proche de celle de demande de rendez-vous, leur commun objet étant de parvenir à faire se déplacer le journaliste pour rencontrer l'un ou l'autre porte-parole de l'entreprise. L'une comme l'autre chercheront donc à séduire le journaliste en lui montrant en quoi la rencontre ou l'événement lui apporteront une matière utile à son travail à plus ou moins brève échéance. Leur différence réside dans le fait que la lettre d'invitation est moins personnelle, puisqu'elle renvoie à un événement où l'on souhaite accueillir plusieurs représentants de la presse : le communicant n'avertira sans doute pas d'un prochain appel, et l'invitation sera associée à une date fixe. Ce courrier devra en revanche indiquer très précisément comment répondre à l'invitation lancée : il peut être utile d'y associer un carton-réponse que le journaliste remplira et renverra à l'agence ou au service presse de l'entreprise ; une adresse mail, un numéro de fax ou de téléphone l'accompagneront pour permettre au journaliste de choisir le mode de réponse qui lui semble le plus pratique.

 *Cf.* Exemples de lettres d'invitation p. 278 et 279 en annexe.

• *La lettre de droit de réponse*

La lettre de droit de réponse est une lettre délicate. Elle intervient lorsqu'une imprécision, voire une erreur, s'est glissée dans un article, ou encore lorsqu'un papier met en cause l'entreprise ou le client sans qu'ils aient été sollicités. Le rôle du communicant est logiquement de réagir et de faire valoir que l'image de l'entreprise en pâtit. Et donc de demander un « droit de réponse ».

Le droit de réponse est une pratique couramment admise dans la presse, et si l'erreur est avérée, nul doute que la rédaction du journal acceptera de publier un rectificatif. Mais la rédaction de cette lettre est délicate, car il faut savoir y mettre les formes : même si l'erreur est patente ou que l'on soupçonne une volonté délibérée de nuire, il est hors de question d'attaquer frontalement le journaliste et de le mettre directement en cause. Cela conduirait à brouiller la relation entretenue avec lui, et probablement aussi avec l'ensemble de la rédaction du journal ; et il est hors de question pour un communicant de se priver de l'un de ses relais de travail essentiel ! On préférera donc les formules détournées et le maniement de la nuance, plutôt que les formules du type : « *Votre erreur est totalement inacceptable* ! »

> *Cf.* Exemples de lettre de droit de réponse p. 280 et 281 en annexe.

• *La lettre de remerciement*

La lettre de remerciement peut intervenir dans deux grands cas de figure : après qu'un journaliste s'est déplacé à un événement (une conférence de presse, par exemple), ou à la suite de la publication d'un article jugé globalement positif.

Dans le premier cas de figure, la lettre de remerciement peut s'assimiler à une lettre de suivi : on remerciera le journaliste, on s'inquiétera de savoir s'il a glané des informations intéressantes, et on lui rappellera que l'on se tient à son écoute pour toute demande d'information complémentaire. Attention, il n'est pas dans les usages de s'enquérir de manière trop directe des intentions du journaliste quant à la rédaction d'un article.

Après la publication d'un article, le communicant peut également remercier le journaliste ; mais il doit le faire avec retenue, sans flagornerie ni compliments excessifs. Le journaliste a en effet rédigé son papier parce qu'il en trouvait le sujet et les informations intéressants, en aucun cas pour rendre service au chargé de communication ou à l'entreprise. Pour les mêmes raisons, on s'interdira d'offrir un quelconque cadeau, si ce n'est un *goodie* de faible valeur. L'heure n'est plus au copinage et une telle pratique pourrait être aujourd'hui perçue comme une forme de tentative de corruption !

Quelques erreurs à éviter

Quels que soient le message et les cibles auxquelles celui-ci s'adresse, certaines erreurs sont à proscrire. Les éviter peut permettre à ce que la communication ne fasse pas l'objet d'un classement vertical (c'est-à-dire à la poubelle) par le journaliste :

- *bâtir un message totalement artificiel, qui ne repose sur aucune réalité.* Les journalistes s'en apercevront très rapidement, et le résultat sera parfaitement contre-productif ;

- *sur-valoriser le client.* L'objectif est de montrer les points forts, sans nier ni occulter les autres. Il ne s'agit pas d'exposer volontairement les faiblesses, mais d'avoir vis-à-vis du journaliste une attitude adulte en acceptant de les reconnaître et de les expliquer si des questions sont posées à leur sujet. On est dans l'information, pas dans la publicité ;

- *être trop affirmatif.* Une bonne communication crée le débat avec le journaliste, permet un échange ouvert avec celui-ci, mais toujours en suivant la stratégie élaborée préalablement avec le client ;

- *trop communiquer.* L'excès de présence médiatique peut générer, non seulement la saturation, mais aussi le doute sur les intentions réelles de l'entreprise. Ce n'est pas un hasard si Jean-Marie Messier a reconnu avoir fait cette erreur dans sa gestion de VIVENDI-UNIVERSAL ;

- *être trop précis.* La précision tue la clarté, et il faut préférer un message concis, simple et donc parfaitement compréhensible pour une meilleure efficacité. Rien ne sert d'abreuver la presse d'informations pointilleuses et, au final, sans intérêt pour le lecteur : le résultat serait l'inverse de celui escompté, et l'information se diluerait dans ces détails plutôt que d'être retenue par le biais d'un message clair et percutant.

Chapitre 3

Travailler avec les médias

Les relations presse : un métier de relation

Comme son nom l'indique, le métier de relations presse
est avant tout un métier de relation. C'est là une évidence, mais elle est toujours utile à rappeler : si l'on ne
possède pas un fort goût du contact et que l'on ne
témoigne pas d'une certaine curiosité, autant choisir un
autre métier ! Si le métier s'est considérablement professionnalisé et nécessite méthodes et rigueur, il n'en
demeure pas moins qu'il reste une profession où la capacité à savoir converser, établir des liens, écouter, parler et
faire parler, est essentielle.

Qui sont les journalistes ?

Pour comprendre comment être utile aux journalistes, il
faut d'abord savoir qui ils sont et comment ils travaillent.
Les quelques lignes suivantes dressent un bref panorama
de leurs principales caractéristiques.

Un professionnel de l'urgence...

Quand les journalistes demandent une information, ils en ont le plus souvent besoin dans la minute, voire... pour la veille !

... qui veut aller tout de suite à l'essentiel

Les différents outils des relations presse permettent de proposer une première hiérarchisation de l'information pour faire gagner du temps aux journalistes.

un multispécialiste curieux...

Les journalistes sont rarement enfermés dans une spécialité précise : dotés de plusieurs cultures, ils sont capables d'intervenir sur des sujets très différents, en employant toujours une langue de non-spécialiste.

... ou un spécialiste incollable qui se méfie instinctivement de la langue de bois professionnelle

Rien n'agace plus les journalistes que le jargon technique ou financier, les phrases toutes faites dépourvues de réelle valeur ajoutée informative.

Un professionnel friand d'anecdotes...

Certaines infos font mouche plus fréquemment que d'autres auprès des journalistes : les anecdotes, par exemple, leur permettent, une fois posées la structure et les composantes de l'information, de placer des accroches attractives et de donner de la chair à leurs articles.

... mais attentif à ne pas être manipulé

Il ne faut jamais sous-estimer la capacité de jugement et de discernement des journalistes : vérifier, évaluer, qualifier l'information, c'est leur métier ! Aussi ne doit-on pas être surpris de voir un journaliste s'approprier un message, le morceler et le remettre en scène, selon son gré, de manière totalement différente – cela fait partie du jeu !

Quand et comment prendre contact ?
L'art de bâtir une relation avec les journalistes

Les conseils suivants visent à faciliter les relations avec les journalistes et à éviter quelques impairs avec ces partenaires essentiels, aux attentes bien précises et aux susceptibilités multiples…

Quand on ne connaît pas le journaliste

« On n'a pas deux fois l'occasion de faire une bonne première impression… »

- **Choisir le bon cadre**

Que ce soit par courrier, fax ou e-mail, les mailings impersonnels sont à éviter pour une première approche : ils ne susciteront pas l'intérêt du journaliste, et risquent même de l'irriter. Il vaut mieux lancer une invitation personnelle, par courrier ou par téléphone, à l'occasion d'une conférence, d'un événement ou d'un simple déjeuner.

- **Découvrir le journaliste**

Il faut toujours chercher à connaître le journaliste avant de l'aborder : fonctions, sujets de prédilections, articles récents… Le chargé de communication vérifie ainsi qu'il cible correctement son action, qu'il s'adresse à un journaliste susceptible d'être intéressé par le sujet abordé, et qu'il dispose d'une matière adéquate pour lier conversation.

- *Écouter, faire parler le journaliste*

Une relation ne se bâtit pas à sens unique ! Que ce soit au téléphone ou en tête-à-tête, il faut d'abord écouter le journaliste et lui poser des questions sur son parcours, le média auquel il appartient, ses centres d'intérêt… Le chargé de communication recueillera ainsi de précieuses informations, en même temps qu'il créera un lien plus solide. Une astuce : en cas de rencontre avec un journaliste de presse écrite, il est bon de venir au rendez-vous avec un exemplaire de son journal et de lui demander quelques explications sur sa ligne éditoriale, son fonctionnement, ses rubriques…

- *Élargir les thèmes de discussion*

Même si une actualité particulière justifie la prise de contact, le chargé de communication en profitera toujours pour élargir les thèmes abordés, présenter l'entreprise dans son ensemble, et essayer de détecter les centres d'intérêt éventuellement exploitables du journaliste. En l'interrogeant sur les différents sujets en préparation dans sa rédaction, il n'est pas rare de pouvoir lui proposer d'autres informations ou idées d'articles : cela peut contribuer à inscrire dans le temps une relation *a priori* ponctuelle.

Quand on connaît le journaliste

Une fois instaurée une relation, les journalistes peuvent être « classés » dans trois catégories distinctes :

- *Les « alliés »*

Ceux qui forment la principale cible à entretenir : en plus d'être très réceptifs, ils vous ont qualifié comme une source d'information fiable et valable. Au lieu d'attendre les sollicitations, ce sont eux qui pourront directement venir vers le chargé de communication.

• *Les « neutres »*

Ceux qui se montrent réceptifs aux informations fournies, mais n'ont pas forcément l'occasion d'en faire usage. Il faut continuer à les solliciter régulièrement – sans les importuner –, leur proposer des angles plus précis ou originaux, guetter le moment où leur intérêt est susceptible de s'éveiller. En créant une relation intelligente, il est possible de transformer un « neutre » en « allié ».

• *Les « antagonistes »*

Ceux qui ne sont pas réceptifs, voire hostiles à l'information fournie. Parce qu'on aura du mal à les faire changer d'avis, mieux vaut mieux gagner du temps et ne leur adresser qu'un minimum de documentation, et ainsi mieux se concentrer sur les deux autres cibles.

Entretenir une relation avec un allié

Les journalistes « alliés » sont ceux qui provoqueront les retombées les plus fréquentes et les plus favorables. Mais parce qu'ils sont souvent d'anciens « neutres », séduits par une habile campagne de relations presse, il faut garder en tête qu'ils peuvent le redevenir… Afin d'éviter cela, on leur réservera un traitement de faveur bien calculé, fondé sur :

- un envoi suivi de documentation ;

- des conversations téléphoniques régulières ;

- des rendez-vous d'explications en tête-à-tête ;

- des entretiens informels *off record* ;

- des interviews exclusives ;

- des informations en avant-première ;

- des notes d'information plus complètes ;

- etc.

En résumé :

* pour créer la relation, il faut argumenter et créer de la crédibilité, gages de la confiance à gagner ;
* pour entretenir la relation, il faut nourrir, développer et qualifier les rapports.

Connaître les médias

Lorsque l'on travaille avec la presse, connaître les médias semble une évidence. Mais, trop souvent, certains chargés de communication résument cette connaissance à celle de leur fichier de presse : les journalistes spécialisés sur tel ou tel sujet ont été sélectionnés (bien souvent à partir de base de données disponibles dans le commerce !) en fonction du thème de communication de l'entreprise ; ne resterait donc plus qu'à prendre contact avec eux pour assurer son travail de relations presse…

Tout cela est évidemment nécessaire… mais aussi largement insuffisant ! La réalisation et la connaissance d'un fichier de presse sont une étape, certes indispensable, mais qui ne reflète que la face immergée de l'iceberg du travail du chargé de communication. Bien plus qu'un simple bâtisseur de liste, ce dernier doit être avant tout un spécialiste des médias pour prétendre mener son métier avec sérieux, professionnalisme et efficacité. On ne saurait donc trop conseiller au chargé de communication de maîtriser, au préalable, l'histoire des médias, des journalistes et des principaux groupes de presse. Par exemple, il semble utile de connaître les grandes étapes des principaux journaux, comme *France Soir* aujourd'hui peut-être en « petite forme », mais qui fut il y a trente ans l'une des publications majeures de la presse française ; ou encore *Le Figaro*, qui était à l'origine, à la fin du

XIXe siècle, un journal chroniquant la vie des spectacles : on comprendra mieux pourquoi les pages « Arts et Spectacles » de ce quotidien font aujourd'hui encore référence. De manière générale, le chargé de communication doit donc bénéficier d'une solide culture générale de la presse : s'il déjeune avec Philippe Tesson, il ne doit pas ignorer qu'il fut le Directeur de la rédaction de *Combat*, puis fondateur du *Quotidien de Paris* ! Ou s'il rencontre Jean-Marie Cavada, éviter de le résumer à sa fonction de député européen alors qu'il anima pendant des années « La Marche du siècle » sur France 3 et qu'il dirigea Radio France pendant près de six ans !

Outre cette connaissance « historique » des médias, il s'agit également de se tenir au courant des répartitions capitalistiques au sein de chaque journal, et de connaître les principaux groupes de presse et les titres qu'ils possèdent : quels sont les journaux réellement indépendants ? Quels sont les titres gérés par PRISMA PRESSE, HACHETTE FILIPACCHI MÉDIAS ou DASSAULT ? Cette culture de l'économie de la presse doit s'accompagner, bien évidemment, de la connaissance intrinsèque de chaque journal : le rédacteur en chef, l'éditorialiste, les chroniqueurs, les journalistes, les intellectuels y contribuant régulièrement, etc.

Pour cela, il faut apprécier les médias, et ne pas limiter son travail à un travail de fonctionnaire allant benoîtement à son bureau sans chercher à en faire « un petit peu plus » : il faut se rendre dans les kiosques, connaître les publications, découvrir les nouveaux titres, distinguer les angles et les idéologies respectives ; entre *Valeurs actuelles* et *Le Nouvel Observateur*, les sujets seront traités de manière différente. Le positionnement de *Marianne*, plus polémique, doit être pris en compte. Concernant *Le Monde*, on ne saurait trop conseiller la lecture du livre de Pierre Péan et de Philippe Cohen sur les dessous cachés du journal[1]. Bref, il faut aimer la presse, avoir plaisir à se promener dans les journaux, connaître les rubriques, les pages et les journalistes phares de chaque titre. C'est ainsi que le chargé de communication saura apprécier l'article obtenu et son emplacement dans le journal qui l'aura publié.

Concernant les journalistes en particulier, le chargé de communication doit réussir à bâtir avec eux une vraie relation, solide et durable, fondée sur la confiance et un travail de partenaire. Un déjeuner de presse sera ainsi l'occasion de les faire parler sur leur journal, son organisation et les tendances qui s'y dessinent ; il s'agira de les interroger sur leurs goûts personnels, leur tendance idéologique, leurs obsessions et, bien sûr, les dossiers sur lesquels ils travaillent. Enfin, on cherchera à découvrir quelles sont les oppositions entre les uns et les autres pour éviter un impair lors d'un événement presse ! En résumé, il s'agit donc pour le chargé de communication de disposer d'une excellente culture générale de la presse, qui le crédibilisera face aux journalistes et rendra son travail réellement *efficace*.

Cf. Exemple de fiche média p. 283 en annexe.

Les outils indispensables du chargé de communication : la revue de presse, la fiche contact et le fichier de presse

Outre les outils stratégiques nécessaires à une bonne campagne de presse comme la stratégie de communication et le plan médias, la revue de presse et le fichier de presse constituent les deux supports quotidiens du

---

1. *La Face cachée du Monde*, éditions des Mille et une nuits, 2003.

chargé de communication. Celui-ci veillera donc à les bâtir et les actualiser de la manière la plus rigoureuse qui soit.

La revue de presse

Il faut être attentif à ne pas confondre la revue de presse et le press-book : alors que ce dernier n'est que la compilation des articles mentionnant l'annonceur dans la presse, la première est un outil stratégique et fondamental pour les relations presse.

Réaliser un criblage de la presse en :

- **alimentant le fichier presse**. Un chargé de communication est un « fournisseur » d'information pour les journalistes. Il doit donc être aussi bien, sinon mieux informé que ces derniers... Or, seul un criblage exhaustif de la presse et de l'actualité peut le lui permettre. La revue de presse permet de se forger une solide culture des médias, une bonne connaissance des journalistes, de leurs angles favoris : de quoi enrichir en permanence le fichier presse.. Elle est indispensable pour se bâtir une culture solide des dossiers traités, connaître le réseau, le marché, être alerté sur les sujets importants. Elle offre ainsi un panorama, des indicateurs et un outil de veille incomparable aux chargés de communication ;

- **hiérarchiser l'information**. Outil des plus personnels, une revue de presse représente un double effort, à la fois d'analyse et de synthèse, pour porter un regard intelligent et précis sur l'actualité. Elle nécessite une lecture quotidienne des journaux les plus importants – généralistes ou spécialisés – afin de repérer tous les angles susceptibles de se rapporter, même de façon indirecte, aux thèmes suivis ;

- **actualiser régulièrement la revue de presse**. Afin d'éviter que la revue de presse ne se transforme, au fil des mois, en gigantesque fourre-tout nécessitant plusieurs classeurs et une bonne dose de patience pour y retrouver un article, il est conseillé d'y porter des réactualisations régulières. Ainsi, le chargé de communication distinguera par chemise (éventuellement par journaliste, pour certains besoins particuliers) les différents thèmes suivis et opérera, tous les trimestres, une sélection des articles les plus importants à conserver. Chaque année, la revue de presse fera l'objet d'un nettoyage complet afin de disposer d'un outil réellement efficace. L'important n'est donc pas tant la quantité d'articles relevés que leur diversité permettant de dresser un panorama le plus large possible ;

- **puiser de l'inspiration**. Au bout du compte, la revue de presse crée la culture nécessaire au renouvellement régulier des messages et à la création d'événement pertinents, en phase avec l'actualité.

La fiche contact

La fiche contact presse est à compléter systématiquement lorsqu'un journaliste appelle pour une visite de site, une interview sur un thème précis, une simple demande de renseignement…

Les questions à poser au journaliste :

- nom & prénom du contact/nom du média ;

- numéro de téléphone (mobile si nécessaire) pour le rappeler dès que possible ;

- impératif de délai : quand doit-il publier ? Quel est son délai ?

- a-t-il d'autres sources d'informations en interne (à vérifier et à « verrouiller » en cas de sujets sensibles) ?

Au-delà du nom du journaliste, du média concerné et des informations demandées, c'est le délai de réponse qui est primordial.

Le fichier de presse

Entretenu au jour le jour en fonction des contacts avec les journalistes, le fichier de presse doit être qualifié. Pour cela, il faut le :

- *Nourrir*

Un fichier presse se nourrit en continu, à partir de toutes les informations glanées sur le terrain : revues de presse, appels téléphoniques, courriers, rencontres, déjeuners…

- *Codifier*

Il faut garder à jour l'historique de la relation avec le journaliste par un bref compte rendu de chaque rencontre, la liste des thèmes et questions abordés, la mention de la « catégorie » du journaliste (allié, neutre ou antagoniste).

- *Vérifier*

De multiples erreurs ou imprécisions, potentiellement dangereuses pour le chargé de communication, peuvent se glisser dans un fichier de presse. Par exemple :

- certains journalistes sont « multicartes » : le chroniqueur d'un journal local peut être en même le correspond d'un titre national ;

- les erreurs de transcription des noms et fonctions auront des conséquences lourdes : une étiquette fautive peut vexer un journaliste ;

- des ressemblances ou homonymies peuvent induire en erreur : il s'agit de ne pas confondre un journaliste avec son confrère !

- ***Mettre à jour***

Il faut en permanence vérifier la pertinence des informations, les mettre à jour, suivre la carrière du journaliste… et ne pas conserver de fiches « inactives ».

Qu'en pensent les journalistes ?

Les trois interviews suivantes ont été conduites auprès de journalistes de renom, habitués au travail avec les chargés de communication, et qui livrent ici leurs réflexions sur leur perception des relations presse, et plus particulièrement du dossier de presse, outil indispensable comme on l'a vu dans le chapitre consacré à la stratégie des messages (cf. chapitre 2).

Guillaume Roquette,
directeur de la rédaction de *L'Entreprise*

Avez-vous le sentiment d'avoir moins de temps, d'être de plus en plus pressé dans votre travail ?

Oui, j'ai le sentiment d'avoir de moins en moins de temps, même si cela semble banal à affirmer. Je ressens une pression constante. Cela est dû à diverses raisons, telles une montée en puissance de la concurrence qui ne permet pas de pause, qui force à réfléchir et intégrer perpétuellement de nouvelles évolutions. En outre, le lectorat est de plus en plus exigeant et devient de moins en moins « fidélisable ». Aucun temps de repos n'est permis : il faut même plutôt faire deux choses à la fois… Denis Jeambar expliquait récemment que, lorsque Le Point a été créé, sa formule pouvait « tenir » dix ans. Par la suite, un news magazine ne dura plus que cinq ans. Maintenant, il faut revoir entièrement un journal au moins tous les deux ans !

**Vous sentez-vous de plus en plus sollicité
par les attachés de presse et chargés de communication ?**

*Non, pas plus qu'avant. Mais j'ai surtout mis en place un filtrage :
mon assistante organise un barrage. Je peux, ainsi que certains
autres journalistes de ma rédaction, me faire aider de ma boîte
vocale. C'est très pratique : je rappelle alors qui je veux, et seulement quand je sens que c'est important. Certaines attachées
de presse, parfois, forcent le barrage, dépassent les limites auto-
risées en expliquant à mon assistante qu'elles me connaissent
personnellement. Je trouve une telle attitude tout à fait contre-
productive.*

**Avez-vous l'impression de recevoir de plus en plus
de dossiers de presse ?**

*Je reçois sans doute davantage de dossiers de presse qu'avant,
notamment des dossiers concernant l'univers des nouvelles
technologies. Que cherchent ces sociétés ? Évidemment à faire
parler d'elles. Hélas, ces dossiers sont souvent incompréhensi-
bles. Conçus par des spécialistes qui maintiennent le jargon du
milieu, ils ne font preuve d'aucune pédagogie et d'aucune
ouverture au milieu des non-initiés. Parfois, leurs défauts de
communication sont même plus graves que cela : il m'est arrivé
d'avoir lu la première page d'un dossier de presse et de ne pas
y avoir appris l'identité de l'entreprise…*

Que pensez-vous de l'évolution de leur contenu ?

*Je pense que les dossiers de presse doivent gagner en qualité
et en vérité. Les entreprises qui veulent se lancer dans une
communication extérieure bien construite, mettant en exergue
leur différence, ne devraient pas utiliser une « langue de bois »
qui est pour nous, les journalistes, sans attrait, voire repoussante.
Par ailleurs, nous sommes dans une économie de plus en plus
dématérialisée : on parle de services, de technologies, de produits, de solutions… Il s'agit là de discours très conceptuels,
trop conceptuels ! Ici, les cabinets de conseil en communication font peut-être mal leur travail : ils devraient faire compren-*

dre à leurs clients que le propos doit posséder une différence, un angle d'attaque intéressant pour la presse, être lié à une actualité. Les groupes, industries ou autres types de structures veulent lancer des produits, soit. Mais quel intérêt particulier cela présente-t-il pour le journaliste ?

Considérez-vous le dossier de presse comme un outil utile à la pratique de votre métier ou bien les ignorez-vous la plupart du temps ?

Sans aucun doute, le dossier de presse est indispensable à notre travail.

De façon générale, quel usage faites-vous des dossiers que vous recevez ?

Sur vingt dossiers reçus, je n'en garde généralement qu'un seul, mais je les parcours tous. J'en diffuse cinq au sein de la rédaction, aux collaborateurs potentiellement intéressés. J'en jette dix, et les cinq derniers contribuent à me donner des idées de sujets et d'angles, ou sont des bonnes bases de témoignages pour de futures enquêtes. Toutefois, je n'utilise jamais un dossier de presse pour l'objectif premier que celui-ci s'est fixé, je le remets totalement en scène. C'est là un jeu de transformation naturelle de l'information dans la loi de l'offre et la demande entre le journaliste et le chargé de communication.

À quel moment précis de votre pratique professionnelle avez-vous éventuellement recours aux dossiers de presse que vous recevez ? Lors de la rédaction ou de la mise en forme d'un sujet ?

Il est vrai que je me retourne vers les dossiers que j'ai gardés en tête, mis de côté et classés par thèmes. Lorsque nous montons un sujet, nous nous servons, entre autres, de ces dossiers conservés.

Quelles sont les principales caractéristiques qui font qu'un dossier de presse retiendra immédiatement votre attention ?

Il doit se distinguer, avoir une accroche, un thème intéressant, bien traité. Il faut, dès la première page, une phrase forte, une photo, une mise en page qui attirent vraiment l'attention, captent mon intérêt. Je lis un dossier de presse un peu comme une couverture de journal. Le fait principal doit arriver tout de suite, et l'on doit sentir immédiatement l'organisation du plan. Parfois, évidemment, la chance joue et, le jour où je reçois le dossier, je suis justement à la recherche du type d'informations qu'il contient. C'est tant mieux… Mais, d'une manière générale, il ne faut pas s'y tromper, le journaliste lira surtout : un dossier distribué dans une conférence de qualité, s'il concerne le lancement d'une nouvelle automobile (et ils sont généralement bien faits) ; un dossier qui concerne une nomination importante ou une innovation spectaculaire ; enfin (cela paraît presque étonnant de le rappeler !), un dossier qui possède un message. En revanche, attention : si le thème appartient à un secteur « ingrat », le dossier doit être encore mieux fait, l'information concrète doit arriver immédiatement. Les faits exposés doivent être précis, techniques.

Quelles sont celles qui vous pousseront à jeter directement un dossier de presse à la corbeille ?

Ceux que l'on peut confondre immédiatement avec des brochures commerciales.

Que pensez-vous, généralement, des dossiers de presse que vous lisez ? Sont-ils plutôt creux ou plutôt riches ? « Commerciaux » ou bien ciblés ? « Jargonneux » ou clairs ? Ennuyeux ou intéressants ? Affligeants ou bien écrits ?

Les dossiers les moins bien écrits et présentés que je reçois actuellement sont les dossiers de presse liés à l'informatique. Les plus agréables sont ceux qui ont une maquette claire, un plan, un message et un bon rapport texte/image. Je pense, par exemple, à un dossier que je viens de recevoir à propos d'un château-hôtel : il est séduisant et contient toutes les informations nécessaires pour un journaliste. Ce qui fait la différence entre deux dossiers, c'est un élément inattendu, peu fréquent, et la présence d'une lettre d'accompagnement personnalisée. Pour moi, cela change tout, je la lis toujours et je regarde alors avec plus d'attention le dossier envoyé. Cela n'a dans mon esprit aucun lien avec le harcèlement téléphonique – que je considère comme nuisible.

Emmanuel Cugny,
rédacteur en chef adjoint de Radio Classique

Avez-vous le sentiment d'avoir moins de temps, d'être de plus en plus pressé dans votre travail ?

Moins de temps, non. Je ne réagis pas en pensant au temps. Nous sommes ici, à la rédaction économique de Radio Classique, une équipe d'une quinzaine de journalistes qui ont la passion de leur travail. La passion empêche la fatigue, empêche de penser aux contraintes de temps. Nous sommes heureux de vivre dans une rapidité d'action constante et soutenue.

Vous sentez-vous de plus en plus sollicité par les attachés de presse et chargés de communication ?

Je ressens une sollicitation renforcée des attachés de presse et chargés de communication depuis deux à trois ans.

Y a-t-il à cela une explication objective ?

Les entreprises ont un grand besoin de communication. Peut-être encore plus en période de crise. La communication se poursuit alors à un haut niveau. En revanche, en ces mêmes périodes (là, je serai un tantinet provocateur et je vous demande de le prendre avec humour), le seul élément qui diminue, c'est la réception de cadeaux en fin d'année, par exemple ! Il est évident que ce n'est pas un élément indispensable dans la relation et l'établissement d'une qualité de travail, loin s'en faut.

Avez-vous l'impression de recevoir de plus en plus de dossiers de presse ? Que pensez-vous de l'évolution de leur contenu ?

Oui, nettement plus. Pour ma part, je dirai sans hésiter que les dossiers de presse offrent deux types de contenu très opposés. Sans juste milieu. Il y a soit les dossiers trop succincts et répétitifs : l'introduction dit tout et l'on ne trouve ensuite que des redites. Ou il y a, à l'inverse, le pavé irrespirable, complet, mais trop pesant à lire. Ces dossiers possèdent parfois plus de couleurs, plus de photos. Ce n'est pas ce qui m'attire.

Considérez-vous le dossier de presse comme un outil utile à la pratique de votre métier ou bien l'ignorez-vous la plupart du temps ?

Oui, le dossier de presse peut m'aider à préparer une émission. S'il est bien fait, il me permet d'introduire mon sujet avec qualité, il m'aide à « placer » le décor, à poser avec justesse le contexte d'une présentation, d'un propos. Il peut aussi m'aider à avoir des idées de questions complémentaires.

De façon générale, quel usage faites-vous des dossiers que vous recevez ?

Je les parcours. Je les jette vite ou je les classe. Je classe surtout les dossiers concernant les entreprises. Souvent, en classant le rapport d'activités de l'entreprise, j'y joins une partie du dossier de presse que j'aurais expurgé. Je ne garde jamais le dossier de presse sur un ministère, une administration, encore moins sur un produit.

À quels moments précis de votre pratique professionnelle avez-vous éventuellement recours aux dossiers de presse que vous recevez ? Lors de la recherche d'un sujet ? De la préparation d'un dossier ? De la rédaction ou mise en forme d'un sujet ?

Je vous l'ai déjà un peu expliqué. Le dossier de presse peut m'aider, mais il ne m'est pas forcément indispensable. En radio, on doit aller vite. Parfois, joindre par téléphone un chargé de communication talentueux est beaucoup plus efficace (s'il est pédagogue, précis et connaît son sujet) que de prendre le temps de lire un dossier trop long. Mais oui, si j'utilise un dossier de presse, ce sera lors de la préparation d'un dossier, d'un sujet.

Quelles sont les principales caractéristiques qui font qu'un dossier de presse retiendra immédiatement votre attention ?

Les caractéristiques qui font qu'un dossier de presse retient mon attention sont très simples à énumérer : la clarté, la qualité du texte, la concision (la sobriété peut contenir de la densité). Pour moi, faire court ne veut pas obligatoirement dire faire léger.

Quelles sont celles qui vous pousseront à jeter directement un dossier de presse à la corbeille ?

Ceux que je mets à la corbeille sont ceux qui ont trop d'images, de fioritures. Ou bien alors un dossier qui m'apparaît trop luxueux et qui ressemble à une plaquette, voire... une brochure commerciale. Pour moi, cela remet alors immédiatement en cause la fiabilité de l'information transmise. Encore une fois, en radio, la concision est importante. Si le dossier que je reçois possède un intelligent rappel fond-forme et qu'en peu de temps la forme contribue, elle aussi, au sens, cela me convient.

Que pensez-vous, généralement, des dossiers de presse que vous lisez ?

Pour moi, ils ont peu progressé et même s'ils sont généralement plutôt clairs (c'est une qualité demandée désormais prise en compte par les agences), ils restent creux, trop commerciaux et plutôt ennuyeux. J'entends par là qu'ils ne savent pas me proposer les angles et la matière qui seraient prioritaires pour mon travail. Ils ne savent pas encore se rendre un « outil indispensable ». Sur des sujets primordiaux, je préfère encore téléphoner à l'attaché de presse. Récemment, j'ai pu ainsi faire un travail rapide et de réelle qualité grâce à l'excellente présentation d'une chargée de communication de l'Académie de médecine qui m'a aidé à monter un sujet sur la dépénalisation de la drogue. En six à sept minutes, cette jeune femme a su me résumer ce qu'il me fallait pour cibler et bien cadrer mon sujet. Actuellement, existe-t-il des dossiers de presse de qualité qui savent faire cela ? Peu, très peu.

Quel est le dernier dossier de presse à avoir marqué, positivement ou non, votre esprit ?

Un des rares dossiers que j'ai gardés récemment était un dossier d'histoire. Il était fait de quelques fiches sobres. Je garde peu, vraiment peu de dossiers.

Jean-François Bège, directeur du pôle éditorial du Groupe *Sud-Ouest* et Président du Club de la presse de Bordeaux

Avez-vous le sentiment d'avoir moins de temps, d'être de plus en plus pressé dans votre travail ?

Le journalisme n'a jamais été un long fleuve tranquille.

Vous sentez-vous de plus en plus sollicité par les attachés de presse et chargés de communication ?

Cela n'est gênant que dans la mesure où ils viennent me parler de choses qui ne m'intéressent pas, de rubriques ou de sujets qui ne me concernent pas. En se croyant parfois obligés d'insister…

Avez-vous l'impression de recevoir de plus en plus de dossiers de presse ?

Oui, car je demande souvent un dossier pour pouvoir me débarrasser des importuns au téléphone.

Que pensez-vous de l'évolution de leur contenu ?

Il n'y a pas d'évolution notable.

Considérez-vous le dossier de presse comme un outil utile à la pratique de votre métier ou bien les ignorez-vous la plupart du temps ?

C'est un outil fort utile et même indispensable pour certains sujets car il évite les erreurs de détails, qui sont, comme chacun sait, diaboliques…

De façon générale, quel usage faites-vous des dossiers que vous recevez ?

Je les conserve quelque temps. Certains, très longtemps.

À quels moments précis de votre pratique professionnelle avez-vous éventuellement recours à un dossier de presse ?

Dès que l'on traite un sujet pour lequel les contacts directs n'ont pas été suffisants.

Lors de la recherche d'un sujet ?

La fonction du dossier de presse est d'aider au traitement, pas de donner des idées.

Lors de la préparation d'un dossier ou de la rédaction/mise en forme d'un sujet ?

Oui.

Quelles sont les principales caractéristiques qui font qu'un dossier de presse retiendra immédiatement votre attention ?

Sa concision et sa précision.

Quelles sont celles qui vous pousseront à jeter directement un dossier de presse à la corbeille ?

Son caractère volumineux et prétentieux (plaquette trop luxueuse, valise encombrante, chemise inclassable…), en général inversement proportionnel à l'intérêt du contenu.

Que pensez-vous, généralement, des dossiers de presse que vous lisez ?

Ils sont pour la plupart assez bien faits mais manquent de petites brèves utiles pour les encadrés, les légendes…

Sont-ils plutôt creux ou riches ?

En général trop riches de détails inutiles.

« Commerciaux » ou bien ciblés ?

Inadaptés à la presse grand public car trop souvent conçus pour la presse spécialisée.

« Jargonneux » ou clairs ?

Abus des sigles et du jargon dans tout ce qui émane de l'administration, malgré des présentations parfois fort luxueuses.

Ennuyeux ou intéressants ?

Idem.

Affligeants ou bien écrits ?

Rares sont les dossiers vraiment nuls.

Quel est le dernier dossier de presse à avoir marqué, positivement ou non, votre esprit ?

Positivement : le dossier du Centre national d'information sur les viandes, relatif à la vache folle. Négativement : les campagnes sur la sécurité routière.

Chapitre 4

Les relations presse au jour le jour

Le chargé de communication
selon les professionnels des relations presse

Les relations presse
et les qualités du chargé de communication,
selon Estelle Monraisse, présidente d'ALTER'COM CONSEIL

Quelle définition donneriez-vous des relations presse ?

Faire des relations presse, c'est savoir exploiter toutes les opportunités de communication de son client pour valoriser sa société, ses produits ou services auprès de ses cibles finales, en passant par l'intermédiaire de la presse. Tout l'art consiste donc à construire une stratégie presse en gardant avant tout à l'esprit la ou les cibles que l'annonceur cherche à atteindre, selon les souhaits qu'il a formulés au préalable, ou reformulera au cours de la mission ; c'est parfois de la haute couture ! Les relations presse sont un métier où le contenu, le relationnel et la promotion se retrouvent étroitement mêlés. Le contenu, parce que la qualité des messages à transmettre est primordiale ; le relationnel, parce que l'intelligence du contact est indispensable avec les journalistes ; et la promotion, parce que ce métier revêt une dimension de vente considérable : le chargé de communication ne part-il (elle) pas tous les matins, sa besace pleine de dossiers et d'argumentaires pour « vendre » ses sujets aux journalistes ? Enfin, je dirai que les relations presse sont un métier où l'empathie joue un rôle fort puisqu'il faut savoir s'imprégner totalement de l'environnement de la société ou des produits, des personnes que l'on veut valoriser pour « sentir » les bonnes opportunités de communication. On pourrait appeler cela : « avoir l'instinct du client ».

Comment le métier a-t-il évolué ?

J'attribuerai une partie de la responsabilité de cette évolution à la crise économique des années 1990 qui a mis progressivement fin à une forme de communication un peu « superficielle » où les relations presse… n'avaient pas bonne presse ! Cette crise a eu pour conséquence directe une diminution des budgets publicitaires des entreprises, réduction des coûts oblige, voire, dans les cas extrêmes, la suppression pure et simple des départements Communication. Face à ce phénomène, nos dirigeants ont peu à peu découvert, ou redécouvert, les vertus du métier de relations presse : un potentiel considérable au regard des budgets consacrés, et un retour sur investissement assez facilement mesurable. Depuis ce temps, les relations presse n'ont cessé de gagner du terrain. Une évolution due à une conjoncture économique, donc, et à la naissance d'une nouvelle demande provenant des entreprises, souvent amenées à sous-traiter cette partie de leur communication à des spécialistes qui peaufinent chaque jour la technicité de ce métier. Aujourd'hui, un(e) bon(ne) attaché(e) de presse dispose de suffisamment de moyens et de techniques pour ne pas compter que sur le réseau de journalistes qu'il connaît déjà, mais pour être capable de faire passer ses arguments sur toutes sortes de sujets à une gamme très étendue de journalistes. Au sujet des évolutions, il est également important d'aborder la question des nouvelles technologies qui ont complètement révolutionné les relations presse : un rapport au temps entièrement modifié, de nouveaux outils de communication, une immédiateté du transfert de l'information, un accès quasi illimité à toutes les informations recherchées grâce à Internet, un gain de temps certain grâce aux e-mails, un traitement des données accéléré faisant gagner en productivité, une pige presse informatisée… Tous ces nouveaux outils ont contribué à faire des relations presse un service très complet et efficace.

Le métier aurait donc gagné en crédibilité ?

Depuis quelques années, les relations presse ont enfin trouvé leurs lettres de noblesse. C'est un métier exigeant et passionnant, où règnent trois constantes : trouver comment répondre à la problématique de son client, tout en répondant à la demande des journalistes, pour atteindre sa cible finale, celle dudit client ! En conclusion, ce métier a beaucoup évolué et, si l'on osait la métaphore, on pourrait dire qu'il s'apparente à celui du paysan : le paysan est aujourd'hui de plus en plus équipé et pourtant il va immuablement commencer par labourer sa terre avant de semer, arroser, enrichir avec de l'engrais, arroser encore, surveiller la pousse, pour enfin récolter son grain. Les relations presse sont un métier de patience où il faut savoir tisser sa toile et gagner du terrain chaque jour un peu plus pour arriver à ses fins. C'est cette patience qui va assurer l'abondance et la qualité de la récolte.

Qu'est-ce qui est le plus difficile dans ce métier ?

C'est justement cette capacité à surmonter le plus difficile qui permet de repérer un(e) bon(ne) chargé(e) de communication. Selon moi, la difficulté majeure ne se situe pas en amont, dans l'analyse des besoins du client, mais en aval, dans le transfert du message au journaliste et surtout dans l'acceptation de ce message par le journaliste. J'ai identifié trois obstacles majeurs dont la résolution constitue la partie la plus technique de ce métier : faire émerger de l'information – intéressante – quand il ne semble pas y en avoir ; intéresser les journalistes à un sujet qu'ils connaissent peu ou pas et ne trouvent pas assez « sexy » ; faire passer son sujet quand la presse est par ailleurs saturée d'information, comme cela arrive épisodiquement dans la société actuelle. Toute la difficulté – et l'ingratitude parfois – de ce métier tient dans le fait que la même somme de travail et d'énergie fournie pour un dossier donnera des résultats très différents pour un autre dossier, car le succès dépend aussi du sujet qui est traité. Mais les combats les plus durs sont les plus beaux à remporter !

Quelles sont les qualités d'un chargé de communication ?

Selon moi, trois qualités sont essentielles – être un bon observateur, un bon rédacteur et un bon vendeur :

- *un bon observateur, parce que la qualité de son dossier va dépendre de sa faculté à aller au fond des choses pour faire ressortir l'essentiel du produit, du service, de l'entreprise qu'il doit promouvoir. Ce sens de l'observation lui servira également à saisir au vol, au gré d'une conversation, un mot, une expression, pour les transformer en arguments de communication. Il lui permettra enfin de repérer ce qui, dans l'actualité de la société ou du produit, peut constituer une actualité pour le journaliste, en tenant compte également du contexte économique et politique national ;*

- *un bon rédacteur, parce qu'il lui faudra trouver les bons mots pour convaincre les journalistes et mettre en image le produit ou la société qu'il doit valoriser. Il lui faudra surtout, dès le début, adopter un style clair, synthétique et imagé ;*

- *un bon vendeur évidemment, parce qu'un chargé de communication, même s'il est le meilleur observateur et le meilleur rédacteur, s'il ne sait pas vendre son sujet à la presse, n'obtiendra jamais aucun résultat. Les journalistes étant saturés d'information, si l'on veut émerger du lot, il faut savoir soigner le fond et la forme : trouver des arguments percutants et les transmettre avec une énergie et une conviction qui vont donner envie au journaliste de vous « suivre » dans votre raisonnement… et de vous relayer dans son média ! Enfin, qui dit bon vendeur dit personnalité réactive et consciencieuse qui ne laissera jamais une requête de journaliste sans réponse rapide.*

Je compléterai ces trois qualités par un trait de caractère important : un vrai sens du rapport humain. Le journaliste étant, comme chacun, un être humain avec ses problèmes personnels, ses humeurs, ses bouclages, son emploi du temps quotidien très serré et ses horaires, un(e) bon(ne) chargé(e) de communication doit comprendre quelle est sa disponibilité et savoir s'arrêter à temps si ce n'est pas le bon moment. Il doit aussi pouvoir faire la nuance entre ceux qui sont sincères et ceux qui jouent de cette image un peu « bourrue », certains journalistes prenant le parti d'éconduire systématiquement leurs interlocuteurs pour voir s'ils reviendront... Il doit enfin, et surtout, savoir identifier les besoins en information de chaque journaliste afin de les satisfaire aussi souvent que possible, et ainsi établir une vraie relation « donnant-donnant ».

Les principaux outils
mis à la disposition du client

Assurer une campagne de relations presse suppose différents moyens mis au service du client pour sa stratégie de communication. La liste suivante indique les principales actions que l'agence doit fournir à l'annonceur pour lui garantir coordination, actualisation et suivi des tâches conduites pour son compte :

- *mise à disposition d'un expert pour le consulting stratégique.* Doté d'une solide expérience en matière de relations presse, cet expert définira, en partenariat avec le client, la stratégie de communication et les principales étapes de son plan média. Il révisera ponctuellement cette stratégie, en fonction de l'actualité de la presse et de son client ;

- *mise à disposition d'un(e) chargé(e) de communication dédié(e).* Ce chargé de communication aura pour tâche d'assurer, en liaison avec le client, le travail quotidien de relations presse auprès des journalistes ;

- *mise à disposition d'un rédacteur.* Si beaucoup d'agences de relations presse assignent au chargé de communication la tâche de rédiger, il semble néanmoins préférable de confier cette dernière action à un spécialiste de la rédaction, qui travaillera de concert avec le chargé de communication : le premier assurera la production des messages, le second le travail sur les cibles ;

- *briefing et suivi du travail du rédacteur pour l'écriture de tous les messages.* Si le rédacteur possède le talent pour habiller le message des formes rédactionnelles adéquates pour une parfaite transmission, c'est néanmoins au chargé de communication de définir le fond du message, l'information qu'il veut transmettre et les cibles qu'il cherche à toucher ;

- *réalisation d'une veille presse.* Par sa connaissance des médias et son travail quotidien de revue de presse, le chargé de communication sélectionne les articles évoquant des thèmes susceptibles d'intéresser son client. Cette action permettra de mieux cibler les centres d'intérêts de la presse, et d'orienter en fonction la stratégie de communication ;

- *envoi du dossier de presse, de communiqués, de notes d'information et de cas concrets.* Le chargé de communication transmet à la presse les différents supports produits pour le client, de préférence de manière personnalisée pour le dossier de presse, la note d'information et le cas concret. Le communiqué de presse peut en revanche être transmis en nombre, seuls les journalistes les plus importants faisant l'objet d'un envoi ciblé ;

- *établissement d'un fichier qualifié constamment réactualisé.* À partir de la revue de presse et du suivi de l'actualité des médias, le chargé de communication mène un travail permanent sur son fichier de presse, ajoute les nouveaux journaux ou journalistes, supprime les anciens ;

- *calendrier des journalistes à rencontrer.* À partir du fichier de presse, le chargé de communication établit un planning des journalistes à rencontrer de manière prioritaire, et ceux qui seront joints ultérieurement. À ce stade, le chargé de communication fournit une liste *souhaitable* de journalistes, qu'il s'agira ensuite de convaincre de l'utilité d'un rendez-vous avec le client ;

- *organisation de rendez-vous personnels avec la presse.* Le chargé de communication prend contact avec les journalistes et cherche auprès d'eux à obtenir un rendez-vous pour son client ;

- *compte rendu des questions posées par les journalistes lors des rendez-vous tenus.* Le chargé de communication rédige pour le compte du client un rappel des différents points abordés et des questions posées par le journaliste. Les attentes de la presse seront ainsi mieux comprises ;

- *lettres de remerciements ou de suivi des rendez-vous.* Le chargé de communication assure « l'après-vente » auprès des journalistes, entretient la relation et fournit tous les documents et informations demandés, implicitement ou explicitement, par le journaliste ;

- *gestion de toute demande spontanée d'un journaliste.* Le rôle du chargé de communication est d'être la courroie de transmission entre la presse et son client. Il réceptionne les demandes des journalistes, leur fournit la matière et les précisions qu'il attend, ou l'oriente vers un interlocuteur adéquat chez son client ;

- *organisation éventuelle d'événement.* Si une agence de relations presse ne doit pas se confondre avec une agence d'événementiel, le chargé de communication peut, en accord avec le plan média, organiser ponctuellement des manifestations pour son client : table ronde, visite de site, voyage, petit-déjeuner ou conférence de presse par exemple ;

- *fourniture des articles parus tous les mois et suivi d'un* Press Book. Le chargé de communication compile les articles parus sur son client et les lui remet tous les mois ;

- reporting *écrit des actions menées.* Toutes les semaines, ou tous les mois en fonction des besoins du client, le chargé de communication remet à son client un *reporting* des différentes actions qu'il a menées auprès de la presse. Les relations presse étant un métier immatériel, aux résultats non directement quantifiables, il est particulièrement nécessaire de porter à la connaissance du client la multitude des actions conduites pour son compte.

Ce qu'attendent les annonceurs : paroles d'experts

Au croisement des attentes de la presse et de celles des annonceurs, le chargé de communication est un équilibriste qui cherche à contenter deux opposés, sans jamais altérer le sens du message qu'il cherche à véhiculer. Après avoir recueilli les témoignages des journalistes et des agences, voici donc celui des annonceurs, à travers trois interviews.

Hugues Le Bret,
directeur de la communication de la Société Générale

Votre définition des relations presse ?

Les relations presse constituent l'un des éléments les plus importants des stratégies de communication.

Quelle a été l'évolution des relations presse ?

Elles ont pris de l'importance ; la presse économique est la source d'information la plus crédible auprès des leaders d'opinion. Parallèlement, de nombreuses émissions à tonalité économique sont apparues pour des publics plus larges. Je ne referai pas l'histoire de la montée en puissance des médias, je signalerai plutôt deux caractéristiques : premièrement, la recherche des journalistes en termes d'information sur une entreprise a évolué ; elle est plus exigeante, plus profonde, plus diversifiée. Les journalistes veulent connaître les équipes, les stratégies d'action par segment. C'est la fin du star-system, voir le président ne suffit plus à nourrir la demande de la presse. Deuxièmement, la relation avec les médias doit être continue. La continuité amène le dialogue et le partage des connaissances. Tout l'art d'un service de presse consiste à rechercher en interne les informations intéressantes et à convaincre les managers de les partager. Ces deux caractéristiques ont fait évoluer les relations presse de notre banque. Plus de quarante experts, le plus souvent responsables de business units, échangent régulièrement avec les journalistes, au-delà des dirigeants.

Qu'est-ce qui est difficile dans la relation avec le journaliste ? Que faut-il surveiller ? À propos de quoi faut-il être vigilant ?

Tout marche par cycle. On brûle ses icônes. Il faut inscrire ses stratégies dans la durée sans sur-médiatiser les dirigeants. Il faut veiller dans le brouhaha médiatique à rester soi-même, savoir mettre en scène ses spécificités et éviter les modes, le mimé-

tisme. Par essence, le journaliste est à la recherche des recettes de cuisine qu'une société ne veut pas toujours donner. Il faut donc toujours doser. La relation avec le journaliste est un vrai savoir-faire. Il faut réfléchir à ce que l'on veut dire, comment le dire bien et surtout jusqu'où l'on veut aller. Le responsable des relations avec la presse doit aider les experts internes à se sentir à l'aise et à en dire un peu plus. Mais, parallèlement, il doit à la fois satisfaire et freiner l'appétit des journalistes pour donner de l'information sans toucher aux données trop sensibles sur le plan concurrentiel.

Nicole Notat, présidente de VIGÉO

Quelle définition donneriez-vous des relations de presse ?

Les relations presse sont d'abord un travail sur le message à transmettre aux médias. Un chargé de communication ne peut pas être qu'un simple technicien. Il doit se demander : qu'ai-je à dire et à qui veux-je le dire ? Pour ma part, j'ai toujours eu besoin de m'approprier les messages à délivrer ; j'ai été institutrice dans ma première vie, et cela m'a sans doute donné le goût de me faire comprendre et de transmettre avec précision. Les relations presse obéissent à la même logique, et je crois que c'est un vrai métier, un métier d'intuition et de pédagogie. Mais une relation avec la presse bien pensée, c'est aussi l'art et la manière de savoir utiliser les circonstances ; et parfois, l'opportunité de communication peut être le choix délibéré du silence. En parallèle, il faut connaître le monde des médias pour pouvoir l'apprivoiser et comprendre les journalistes. Devenue secrétaire générale de la CFDT en 1992, à l'occasion d'une crise interne, j'ai « eu la chance » d'être confrontée à l'adversité médiatique dès mon arrivée. Cette situation m'a forcée à saisir au plus vite la délicatesse des « enjeux » lors de mon premier Club de la presse avec Jean-Pierre Elkabbach et Catherine Nay. J'étais ressentie comme la femme qui a mis au point un putsch et veut prendre le pouvoir pour des raisons personnelles ; la première question de Catherine Nay : « Que se passe-t-il à la CFDT pour que la CFDT appelle une femme à sa tête ? » m'a mise en confiance ! J'ai pu expliquer, m'expliquer. Mais, après cette première expérience risquée, j'ai surtout découvert qu'une image se réfléchissait, et qu'il fallait en communication penser la conséquence de ses paroles.

Comment le métier a-t-il évolué ?

Il s'est professionnalisé. C'est un métier dans lequel celui ou celle que vous choisissez comme chargé de communication doit garder de la distance, du calme. Vous devez vous-même garder du recul, ne pas mêler votre statut et votre vie personnelle, être capable de lire quelque chose de désagréable sur vous et de dormir tranquillement. L'analyse de votre image est autre, et doit être effectuée par le professionnel ou l'agence que vous avez sélectionnés : ils sont juste un indicateur pour bien conseiller. Ce qui n'empêche pas pour autant la nécessité de créer de la confiance, d'établir une complicité et une aisance avec celui qui vous accompagne. Selon moi, le bon conseiller, le bon chargé de communication, doit rester à sa place, connaître parfaitement celui qu'il conseille, savoir anticiper, rester libre, libre de dire. À la CFDT par exemple, la relation avec la presse a toujours existé ; ainsi, j'ai toujours essayé de préparer mes messages avec le chargé de communication, dont le rôle est primordial pour décrypter les messages avec les journalistes, les remercier, les décoder, obtenir leur feed-back, recueillir leurs impressions... Ce type d'intermédiation nécessite vraiment l'action d'un professionnel.

Qu'est-ce qui est le plus difficile ?

J'ai vu s'accentuer la communication d'émotion, la compassion, le « pathos ». Mais c'est si simple de faire pleurer pour communiquer sur ce que le public aime entendre. Il me semble en fait que les médias vont vers de plus en plus de facilité... En revanche, un paradoxe subsiste : les journalistes sérieux et professionnels sont de plus en plus exigeants. Ils veulent une information crédible, approfondie. Le métier de chargé de communication doit donc désormais faire face à la prise en compte de ces complexités.

Quelles sont les qualités d'un chargé de communication ?

Un chargé de communication doit être curieux intellectuellement, avoir un goût et un talent d'écoute, une capacité de transmission et de vulgarisation. Il doit également toujours davantage découvrir les médias et le milieu de la presse. Enfin, il doit être assez libre et agile pour fuir toute certitude et surtout faire évoluer les personnes qu'il conseille en ayant lui-même la capacité d'évoluer.

Bernard Fornas, PDG de CARTIER

Quelle définition donneriez-vous des relations presse ?

Les relations presse définissent le ou les messages d'une entreprise vers un groupe de médias. Ces médias deviennent alors les prescripteurs et les relais vers le public. Il faut donc veiller à la cohérence de tout message et parler d'une « seule voix ». Exprimer l'excellence d'une maison unique comme la nôtre est d'autant plus délicat qu'il y a différents types de presse, et donc des cibles très diverses.

Quelles évolutions a connu le métier des relations presse ?

Le métier des relations presse est subtil. C'est un métier qui s'est beaucoup professionnalisé et spécialisé, et qui nécessite de l'attention et de la compétence. Les journalistes, et c'est leur métier, sont de plus en plus exigeants et nous avons le devoir de leur répondre avec clarté. CARTIER est une maison internationale et les attentes de la presse peuvent varier suivant les pays ; la sensi-

bilité et la culture du luxe ne sont pas forcément les mêmes d'un pays à l'autre. Dans les pays émergents par exemple, l'histoire et la tradition priment et nous avons alors un devoir d'éducation.

Qu'est-ce qui, selon vous, est le plus difficile dans les relations presse ?

Tout d'abord, déterminer les messages que nous souhaitons faire passer et qu'ils soient bien retransmis. Ensuite, il faut être disponible et à l'écoute. Dans notre société, nous consacrons du temps et de l'attention à chaque journaliste. Nos équipes de communication, en dehors d'une profonde culture de la Maison, ont la capacité à s'adapter à chaque situation, elles savent se rendre disponibles dans des délais toujours plus courts et, surtout, possèdent la passion de ce métier et l'amour de la marque.

Chapitre 5

De la toute première idée au contrat, en passant par le plan de communication

Ce chapitre, à l'image du précédent, se veut extrêmement concret, et présente différents documents produits en agence pour le compte d'un client. On y retrouvera donc les premières idées de médiatisation proposées spontanément après un premier rendez-vous, puis leur transformation en plan de communication et en contrat. Des idées de l'agence aux propositions retenues par l'annonceur, en passant par leurs conditions financières et contractuelles de réalisation, le lecteur aura ainsi une idée assez représentative des conditions d'exécution d'une campagne de relations presse, dans des domaines aussi divers que ceux de l'agro-alimentaire, du luxe, de l'habillement ou de l'édition.

« Box SA », spécialiste de l'emballage

Box SA est un leader mondial intervenant sur le marché de l'emballage. Société multiculturelle implantée sur les cinq continents du globe, elle fournit des solutions d'emballage simples ou innovantes, avec pour principe de faire du packaging, et donc de l'emballage, un important levier de différenciation pour les clients qu'elle fournit. Son siège se trouve en Belgique, mais le groupe possède d'importantes entités en Italie (R&D et certains postes de direction notamment).

L'exemple ici développé reprend trois types de documents, parfois en plusieurs exemplaires pour illustrer les évolutions d'un contrat d'une année sur l'autre : les idées préparatoires, le plan de communication (deux exemplaires) et le contrat conclu entre l'agence et Box SA (deux exemplaires).

Les idées préparatoires

Le document présenté ci-dessous est fondateur, au sens où il fut bâti au lancement de la relation entre l'agence et l'annonceur.

---

1. ASPECTS INSTITUTIONNELS

Présentation de l'identité originale de Box SA : « *Un challenger qui est déjà leader sur plusieurs marchés et qui s'apprête à devenir numéro un mondial* »

- Note d'information sur les atouts concurrentiels de Box SA (nombre de références, souplesse d'intervention, innovations produits, dynamique de la croissance, implantations internationales, concepts avancés).

- Note de synthèse pour définir le nouveau concept de l'entreprise (arguments identitaires) : « Nous devenons potentiellement leader international de l'emballage, marché que nous réveillons par notre dynamisme et notre inventivité ».

- Mise en scène de la « preuve par CONDIMENTS CORP. » : « *Il faut qu'un leader international comme CONDIMENTS CORP. ait de bonnes raisons pour signer un contrat mondial avec un challenger comme Box SA* ».

- Fiche argumentaire sur les grands chiffres de Box SA et du monde de l'emballage (pour remettre les idées à l'endroit) : ces chiffres ne sont pas forcément les chiffres « institutionnels » diffusés jusqu'ici.

- Lancement d'actions ponctuelles en direction des décideurs économiques – actions plus précises en direction des analystes financiers – pour faire évoluer leur perception globalement négative du marché de l'emballage.

- Pour la presse économique internationale (format *Financial Times*), ce travail argumentaire devrait pouvoir s'appuyer sur M. Kasten, dont la signature est plus connue et plus « vendeuse » que celle de Box SA.

- Actions ponctuelles (arguments rationnels et « affects » irrationnels) pour créer une nouvelle perception internationale de La Boîte d'Emballage, comme entreprise d'un nouveau style sur un nouveau marché (solutions d'emballages innovants pour les marques soucieuses de différenciation).

Toutes ces notes constituent autant de briques argumentaires pour la constitution du futur site multimédia de Box SA, quel que soit le prestataire retenu.

Présentation personnelle de M. Caja, Président de Box SA : un nouveau type de manager leader européen

- Tribunes dans la presse magazine internationale (pour le poser en leader d'opinion d'une nouvelle génération de décideurs économiques).

- Rédaction d'un livre sur sa conception du management.

- Articles dans les revues d'idées managériales européennes : Simba Communication a entrepris un ciblage des revues de ce type en Allemagne et en Italie.

Présentation d'un nouveau style d'entreprise (mobilité, souplesse transfrontières, service client) dans le cadre d'une stratégie de message

- Organisation européenne d'un road show presse, avec rencontres de journalistes dans chaque pays où se trouvent des plates-formes Box SA (un jour par site, trois à cinq journalistes par jour).

- Préparation d'un message, d'un argumentaire (« Box SA fait la différence ») et de transparents sur les concepts forts et les produits de Box SA (ce travail argumentaire – à partir d'une idée de M. Kasten – servira de « banque matricielle » pour le futur site web de Box SA).

- Fiche d'information sur les aspects innovants du management (international, mobile, disponible).

> ▶ Fiche sur la capacité à dépasser les frontières (développement externe CONDIMENTS CORP.).
>
> ▶ Fiche synthétique sur l'« esprit BOX SA» (différent par la motivation, différent par le concept fermeture, différent par l'impression, par le service client).
>
> ▶ Fiche sur les produits innovants, les fermetures, l'originalité du mix emballage-produit, etc.
>
> *Important : déclinaison de cet argumentaire international de base auprès des cadres appelés à prendre en charge et à démultiplier la communication locale de Box SA.*

Présentation du « défi américain » de Box SA :

> ▶ Voyage de presse dans les usines CONDIMENTS CORP. (+ bonus local de type Orlando) pour les alliés de la presse internationale spécialisée (+ quelques journalistes de la presse économique).
>
> ▶ Rapport d'étape régulier (trimestriel) avec questions-réponses sur les évolutions de l'opération CONDIMENTS CORP.

Présentation d'un nouveau concept : « Box SA invente des solutions d'emballage innovantes pour les entreprises » ou « Box SA, l'esprit inventif de la nouvelle économie, qui vient bousculer une industrie traditionnelle »

> ▶ Utilisation de témoignages des clients.
>
> ▶ Fiche d'information sur des exemples de partenariat réussi (CÉRÉALES LTD, etc.).
>
> ▶ Fiche sur le développement des usines *wall to wall.*

Présentation de la *supply chain* (du fournisseur de matières premières à la grande surface) :

> ▶ Fiche d'information sur la pratique de BOX SA dans ce domaine.
>
> ▶ Fiche d'information *supply chain* par filières.
>
> ▶ Fiche d'information sur les partenariats clients.

Présentation citoyenne de l'entreprise (environnement, sécurité, relations humaines dans l'entreprise, « plus proche, plus humain », « Box SA construit un monde meilleur ») :

> ▶ Articles dans la presse spécialisée.
>
> ▶ Fiche d'information thématique (environnement, sécurité).

2. ASPECTS FINANCIERS

Mise en avant de la croissance du CA et des résultats :

- Communiqués ciblés : communiqués financiers trimestriels à réétudier complètement pour y intégrer des commentaires qui leur donneront un sens (travail en induit sur les idées qui doivent ressortir).

- Contacts personnels réguliers avec les analystes financiers internationaux (Europe, États-Unis) pour changer leur perception de l'entreprise (création d'un bruit de fond positif).

- Contacts avec les faiseurs d'opinion pour faire admettre l'idée que l'emballage est un secteur créatif qui ne demande qu'à être réveillé : il faut débuter dans ce sens une communication d'influence dans les pays anglo-saxons.

Valorisation de la réussite de l'entreprise (désendettement, EVA, réduction des coûts, contrats à long terme, etc.) :

- Articles de fond dans les revues spécialisées (*Revue Banque*).

- Tribunes dans les dossiers de la presse éco (criblage à faire en amont dans la presse anglo-saxonne, allemande, italienne, belge).

- Contacts personnels : peut-être serait-il utile que Simba Communication participe aux réunions de présentation de Box SA aux analystes financiers, pour assurer un suivi relationnel plus efficace.

Réassurance par la qualité de l'investisseur :

- Campagne autour de M. Boxas, en liaison avec les porte-parole autorisés de M. Boxas.

- Fiche sur la stratégie originale de M. Boxas vis-à-vis de Box SA (valorisation managériale sur le long terme et non simple « aller-retour » financier ?).

3. ASPECTS MARKETING

Différenciation par le projet d'entreprise :

- Fiche de synthèse sur les différences Box SA (niveau global, récapitulation argumentaire).

- Concept : « Offrir au marché ce qu'il commence à peine à demander », voire « offrir au marché ce qu'il n'a pas encore commencé à demander, mais qui est dans l'air du temps »

Différenciation par la R&D (budget, équipes, chantiers)

- Visite plus régulière du site R&D d'Anvers par des VIP, faiseurs d'opinion locaux et nationaux, journalistes et décideurs internationaux.

- Rédaction d'une brochure internationale de présentation du site R&D d'Anvers.

- Formation (« wording ») des porte-parole locaux qui peuvent développer et relayer le travail de M. Caja (expression en langue anglaise, italienne, allemande).

- Articles dans les dossiers spécialisés de la presse professionnelle packaging (Espagne, pays de l'Est non encore travaillés).

- Concept : « Des idées nouvelles qui respectent et valorisent les produits ».

**Différenciation par l'innovation (résultats, exemples,
sans présenter des produits de clients précis) :**

- Organisation d'un voyage de presse en Italie (+ bonus).

- À défaut de service marketing produisant des analyses sur les évolutions en cours et les pistes de travail à approfondir, lancement d'une étude annuelle (budget à définir), en partenariat avec les écoles spécialisées et intervention finale de Box SA, pour les évolutions des produits d'emballage (concours annuel, avec parrainage d'un grand designer).

- Travail d'image en aval avec la presse grand public (féminine et design), pour la sensibiliser aux enjeux de l'innovation dans l'emballage.

- Présentation par fiche des produits phare de l'entreprise (grands produits qui placent son image et qui servent de référents).

- Concept : « Nous avons des idées fortes pour nos clients ».

- Fiche sur l'art de concevoir des produits originaux.

- Fiche sur le bol (identité forte de Box SA).

- Fiche sur « la boîte x ».

- Fiche d'information sur l'impression Hexachrome et ses larges possibilités.

- Fiche sur les nouvelles tendances de l'emballage (portion individuelle, qualité impression, facilité du recyclage)

Différenciation par le design

- Contacts internationaux avec les écoles professionnelles spécialisées (Belgique, France, Europe, États-Unis : Arts et métiers, Reims, Ensam, instituts divers).

- Création d'un concours de design pour restyler un produit de grande consommation (en liaison avec un client).

- Édition d'un livre-album sur le design dans l'emballage et/ou sur le comportement alimentaire des animaux.

- Contact avec un designer à la mode pour inventer un nouvel emballage (liaison avec un client) et en faire le parrain de l'emballage du futur.

- Réflexions sur le cas Jean-Paul Gaultier, le créateur de mode qui a « osé » emballer un parfum de luxe dans une boîte métallique standard : déclinaison à d'autres secteurs pour le travail de l'image (critères équivalents dans certains pays).

Différenciation par le service client :

- Voyage de presse au Japon, en compagnie de M. Caja (alliés de la presse espagnole et belge) : valorisation de Box SA comme intervenant de premier plan sur un marché prestigieux et difficile de la nourriture animale.

- Note sur la souplesse et la réactivité Box SA (cas concrets).

Différenciation par l'attention portée au consommateur :

- Fiche d'information sur l'ouverture rapide.

- Fiche d'information sur les qualités alimentaires de l'emballage.

- Fiche sur les atouts techniques de l'emballage (stockage) par rapport aux emballages innovants (poche).

Attention portée à des marchés particuliers (où Box SA joue un rôle important), avec valorisation des intervenants :

- Fiche sur le marché de la nourriture animale, marché dynamique toujours à la recherche de nouvelles différenciations.

- Fiche sur le marché mondial de la dinde (enquêtes à nous commander sur d'autres secteurs où Box SA est leader).

Important : sans doute faut-il mettre en place des « ateliers » de rédaction de ces fiches (responsables Box SA + Simba Communication) pour recueillir l'information nécessaire et valider les fiches avant diffusion.

4. ASPECTS RELATIONNELS

Relations publiques pour une mise en avant des atouts de Box SA

- Soirée exceptionnelle (VIP + clients) pour fêter un événement marquant (contrat CONDIMENTS CORP. ou autre).

- Invitations de décisionnaires clients ou prospects à des manifestations sportives (choisir un sport et s'y tenir, parce qu'il véhicule les valeurs de l'entreprise) : expérience déjà tentée à Anvers par les équipes commerciales.

Recommandation : pourquoi ne pas continuer le travail déjà réalisé à Anvers (logique d'implantation de Sint Niklaas et Dendermonde), sur un thème nature (grand public) qui possède de nombreuse affinités avec les produits Box SA. Simba Communication dispose d'excellentes introductions départementales et régionales dans le cadre du futur zoo et parc de loisir Funpolis, dont Box SA pourrait devenir partenaire.

Placer Box SA en position forte en préparant une présence internationale, ponctuelle et différenciée, dans des grandes manifestations professionnelles, à l'horizon 2002 (Cannex, Interpack, salon de l'emballage) :

- Étude d'une intervention originale et différenciée dans ces salons, en fonction du message à délivrer.

- Participation à des salons dans des pays déterminants : Interpack pour présenter CONDIMENTS CORP., Tokyo Pack pour marquer son territoire au Japon.

- Concept : « BOX SA doit se préparer à faire connaître et à jouer son rôle de leader (d'ici à deux ans) ».

Liaisons plus fréquentes avec les organisations professionnelles qui donnent de la visibilité (SNFBM, UPPIA, AFFSA)

- Pour s'assurer une plus grande visibilité professionnelle, utile aux commerciaux comme aux analystes ou aux médias, BOX SA doit recommencer à faire partie de ceux qui participent à recréer un esprit d'avant-garde dans des structures en attente d'un nouveau souffle.

5. ANTICIPATIONS

Communication interne

- Mise en place d'un réseau informel (sur la base du volontariat) de « correspondants » pour la circulation de l'information.

- Réunion régulière (trimestrielle) de l'équipe des communicants internes.

- Tournois sportifs internes (grands clients compris) pour développer la cohésion et la circulation de l'information.

Communication grand public (« n° 1 oblige »)

- Logique de stratégie publicitaire (titres professionnels et grand public) pour renforcer les efforts de communication : Simba Communication a proposé à M. Kasten de choisir une agence internationale anglo-saxonne pour la mise au point d'une stratégie publicitaire.

- La réflexion stratégique sur un concept publicitaire opérationnel devrait être coordonnée par M. Kasten. Claire Sarabi et M. Kahn sont tenus informés pour que la cohérence de la communication soit respectée.

- Rédaction d'un livre sur Box SA (mémoire de l'entreprise, un exercice de stimulation, de cohésion et de participation des cadres et du personnel)

- Travail d'image : rédaction d'un livre d'images (album) sur l'histoire de l'emballage (musées européens, archives des marques, mémoire des consommateurs) : il s'agit de poser Box SA en référence sur l'identité et la qualité des marques.

- Marquage d'un territoire de légitimité : livres-albums internationaux plus légers plus thématiques, par exemple sur l'emballage poisson pour les raisons ci-dessus (diffusion de ce livre aux États-Unis, pour donner des idées de la qualité du style européen d'emballage aux grands comptes en recherche de différenciation.

Communication multimédia

- Box SA doit se doter d'un site multimédia international de qualité, qui permettra de démultiplier les efforts de communication et d'en renforcer l'efficacité auprès des publics internes, commerciaux et médiatiques.

Communication de crise

- Préparation d'une intervention d'urgence auprès de la presse (en cas de crise sur l'aluminium, les solvants, la sécurité alimentaire, le saumon), en liaison avec les responsables de Box SA.

Les plans de communication

Sont ici exposés deux plans de communication réalisés la même année, l'un par l'agence, l'autre par l'annonceur. Celui de l'annonceur simplifie quelque peu celui proposé initialement par l'agence, et est rédigé en anglais car il a été présenté lors d'une conférence devant les différents directeurs de Box SA.

• *Le plan de communication de l'agence*

Box SA : Plan de Communication
Février 2004

I. LA COMMUNICATION INSTITUTIONNELLE

A. Présentation de Box SA : le choix de l'Internet

- Le site Internet de Box SA doit devenir le document de présentation institutionnel du groupe.

- Actuellement en construction (mise en ligne officielle vers la fin mars ?), ce site est réalisé par les équipes de Box SA. Simba Communication aidera à sa conception en apportant son consulting sur deux aspects :

  – L'organisation générale du site. Simba Communication s'assurera de la juste présentation des éléments identitaires, notamment :
    - Box SA : un des leaders mondiaux de l'emballage ;
    - L'organisation transfrontalière ;
    - L'esprit inventif de Box SA qui vient bousculer une industrie traditionnelle modernisée ;
    - La capacité d'innovation (nouveaux produits, nouvelles technologies) ;
    - La capacité d'adaptation (marketing « sur mesure »).

  – La constitution d'un bureau de presse en ligne. Simba Communication aidera à la constitution d'une rubrique destinée à la presse dans laquelle les journalistes pourront trouver tous les communiqués et autres informations dédiées à la presse.

B. La cohérence du discours

- Afin d'assurer la bonne cohérence du discours de Box SA, M. Kasten envisage avec intérêt la formation de porte-parole qui auraient à travailler avec les médias ou tout autre institutionnel.

- Des séances de coaching, individuelles ou en groupe, pourront être conduites par Simba Communication auprès des collaborateurs susceptibles de prendre la parole au nom de Box SA.
- Ces séances de coaching seront bâties sur mesure, à la demande expresse de M. Kasten.

C. Médiatisation de M. Kasten, nouveau CEO de Box SA

- Conformément aux souhaits de M. Kasten et aux préconisations de Simba Communication, il paraît préférable d'attendre la fin de l'année 2004 pour mettre en avant le nouveau CEO de Box SA.
- Ce parti pris – qui vise à privilégier les résultats à venir de la nouvelle stratégie de Box SA – n'exclut toutefois pas de répondre aux demandes spontanées des médias et d'organiser, après réflexion, des rencontres de M. Kasten avec les journalistes qui en auraient exprimé le souhait.

D. Communication financière

- La communication financière ne fera pas l'objet d'une forte médiatisation. Elle sera menée au cas par cas, à la demande exclusive de M. Kasten et en fonction des événements (quelques communiqués de presse ?).

II. LES MESSAGES

M. Kasten et M. Caixa souhaitent une plus forte médiatisation sur les communications Produits/Savoir-faire/Partenariat/Innovation.

A. Organisation des messages

- L'organisation de ces messages doit être discutée avec MM. Kasten et Caixa. Un plan de communication des différents messages à diffuser devra être établi.
- Au minimum, quatre communiqués par an devront être publiés.
- Un comité éditorial décidant des messages à diffuser pourrait être prochainement conçu par M. Caixa. Il rassemblerait, outre Simba Communication et M. Caixa, des correspondants de chaque division de Box SA.
- Une rencontre sera organisée tous les deux mois entre Simba Communication et M. Caixa pour faire le point sur cette organisation des messages et, plus largement, sur la stratégie de communication.

B. Nouveaux produits et Innovation

Outre les communiqués de presse , qui auront notamment présenté les savoir faire et métiers de Box SA, Simba Communication préconise :

- La rédaction d'articles dans les dossiers spécialisés de la presse professionnelle packaging, en partenariat avec :
  - L'Italie,
  - La France
  - La Grande-Bretagne,
  - La Belgique,
  - L'Allemagne,
- et en partenariat avec les clients de Box SA.

III. LES ÉVÉNEMENTS

En plus des traditionnelles rencontres journalistes, Simba Communication recommande la tenue d'événements spéciaux où seraient conviés des journalistes, sous la forme de voyages de presse ou de rencontres lors de salons.

A. Organisation de voyages de presse

- Une logique d'événements devra être mise au point pour entretenir le réseau créé de journalistes alliés.
- À titre d'exemples, voici quelques événements qui pourraient leur être proposés :
  - Visite plus régulière du site d'Anvers par des VIP, faiseurs d'opinion locaux et nationaux, journalistes et décideurs internationaux, etc. L'exemplarité du site et la qualité de son porte-parole, M. Martin, constituent des atouts non négligeables vis-à-vis de la presse ;
  - Organisation d'un voyage de presse en Allemagne et en Italie.
- D'ores et déjà, deux sites ont été retenus pour faire l'objet d'un voyage de presse :
  - Au printemps 2004, Bremerhaven (Allemagne). Situé en bordure de mer, là où les harengs sont péchés, ce site semble particulièrement impressionnant ;
  - À l'automne 2004, Ivrea (Italie). L'objet de ce voyage doit encore être défini.
- Il sera également envisagé un voyage en France. Selon M. Kasten et M. Caixa, les équipes de ce pays sont en tout point exemplaires.

B. Présence à des salons

- Box SA, en raison d'un faible rapport coût/efficacité, ne souhaite pas participer directement aux manifestations professionnelles d'envergure (Cannex, Interpack, salon de l'emballage, SIAL, Tokyo Pack…).

- En revanche, Simba Communication préconise de profiter de ces salons pour organiser, en marge de ces manifestations, des rencontres avec la presse et des porte-parole de Box SA. Ces salons possèdent tous une salle de presse et les journalistes y viennent nombreux.

- Dans le même temps, Simba Communication pourra se rendre à ces salons afin de mener une veille pour le compte de Box SA et de prendre contact avec de nouveaux journalistes.

IV. LES RELATIONS PUBLIQUES

A. Soirées de gala et manifestations sportives

- Box SA souhaite privilégier les soirées de gala réservées à ses clients et à quelques VIP. Box SA se charge d'organiser ces soirées. Simba Communication veillera à y introduire quelques journalistes.

- Le second type d'actions de Relations publiques envisagées par Box SA est l'invitation de clients et de VIP à des manifestations sportives. Box SA veillera à proposer des événements sportifs en accord avec la culture de chaque pays cible. Simba Communication n'interviendra pas dans ce domaine, sauf demande expresse de Box SA.

B. Communication de crise

- En vue d'être prêt au cas où une crise surviendrait, Simba Communication préconise d'anticiper en mettant au point tous les outils nécessaires pour répondre à une telle situation.

- La constitution d'un réseau d'alliés identifiés (clients, partenaires, journalistes, faiseurs d'opinion…) est pour cela nécessaire. Notamment, des liaisons plus fréquentes avec les organisations professionnelles (SNFBM, UPPIA, AFFSA, etc.) doivent être mises en place par Box SA. Simba Communication aidera à la réalisation de ce fichier en coordination avec Box SA.

- Des rencontres entre Simba Communication et M. Dubois devront être organisées de manière à coordonner les différentes actions à conduire pour être prêt en cas de crise.

- Au cas où une crise éclaterait, Simba Communication élaborerait un devis spécifique pour accompagner et conseiller Box SA tout au long de la crise. Simba Communication est en effet expert en gestion de crise.

V. ANNEXES

A. Les 40 ans de Box SA

- En 2008, Box SA fêtera ses 40 ans. À cette occasion, M. Kasten préconise une montée en puissance progressive de la communication. Cette dernière devra logiquement atteindre son apogée en 2008, les plans de communication de 2005, 2006, 2007 et 2008 ayant pour visée implicite de préparer l'année 2008.

- À l'occasion de ces 40 ans, M. Kasten demande à Simba Communication de réfléchir à un événement spécifique. Claire Sarabi propose, à ce stade, soit un Livre blanc, soit un concours des meilleures photos réalisées par de jeunes photographes sur le packaging ou le monde animal.

B. Marque et slogan

- Box SA est à la recherche d'un slogan capable de véhiculer les valeurs de la marque et de transmettre tout le potentiel de Box SA.

- Simba Communication conseille de déduire ce slogan d'une charte qualité. L'agence pourra aider Box SA à concevoir ce slogan, en s'adjoignant les services de spécialistes de la marque (publicitaire et anthropologue d'entreprises). En parallèle de ce travail sur le slogan, une réflexion devra également être conduite sur les valeurs.

- Ces actions spécifiques sur la marque et le slogan feront l'objet d'un devis spécifique, à la demande expresse de M. Kasten.

C. La communication interne

- Box SA mène actuellement une réflexion sur la manière de communiquer auprès de ses équipes, à tous les nivaux hiérarchiques de l'entreprise.

- L'Intranet qui est actuellement en construction participe de cette réflexion.

- Simba Communication propose, dans un premier temps, de concevoir un questionnaire qui serait diffusé sur l'ensemble du périmètre du groupe. Il permettrait de mesurer les attentes des collaborateurs de Box SA en matière de communication interne, et ainsi de mieux répondre à leurs besoins.

- Hors contrat, cet accompagnement sur la communication interne fera l'objet d'un devis spécifique, à la demande expresse de M. Kasten.

• *Le plan de communication de l'annonceur*

 **Box SA Communication Plan 2004** — 1 —

Objectives

- Heighten awareness and perception of Box SA amongst key target audiences:
    - Customers, especially deciders in General Management, Purchasing, Marketing and Technical;
    - Financial community;
    - Suppliers.
- Develop a communication platform and slogan.
- Gradual increase in effort and investment over three years, culminating in a major push in 2008: 40 years of Box SA.

2004 Priorities — 2 —

- Launch website by the end of March.
- Use this as a platform for communication on Box SA:
    - News releases;
    - New products;
    - Financials;
    - Divisional initiatives.
- Ensure regular stream of releases on new products and innovations.
- Obtain editorial on selected themes through journalistic events.
- Maintain and develop network of friendly journalists in Belgium, France, UK, Germany, Italy.

2004 Plan   — 3 —

- Last few months: arrival of Mr Kasten, price recovery message.
- Themes for remainder of this year:
    - Innovation;
    - Discovering Box SA.
- First half 2004:
    - Innovation;
    - Bremerhaven.
- Second half 2004:
    - Ivrea, Italy;
    - Innovation theme to be decided.
- Interviews of key BOX SA managers.

Organisation   — 4 —

- Website team created.
- Need to create a communication committee to manage input of material and events through Simba Communication:
    - Mr Boxas;
    - One representative from each division, to be decided.
- Direct link for interviews between Simba Communication and Divisional heads.
- Assistance from Mr Caja in communication of innovation.

Le contrat

Le contrat exposé ci-dessous correspond aux idées préparatoires présentées quelques pages plus tôt.

CONTRAT Box SA/SIMBA COMMUNICATION

Entre :

Box SA, dont le siège est situé, 10 rue de La Boîte, Anvers, Belgique. Représenté par M. Caja, Chief Executive Officer.

Et :

SIMBA COMMUNICATION, SARL au capital de 15 000 €, dont le siège est situé 30 rue de la Forêt – 75000 Paris. RCS Paris B 892 987 675. Représentée par son gérant, Mme Claire Sarabi.

Il a été préalablement exposé ce qui suit :

Box SA a confié à Simba Communication ses relations avec la presse en Belgique et en Europe par un contrat à effet du 12 avril 1995.

L'évolution du contexte économique et de la structure du service communication de Box SA conduit à l'évolution des prestations et de la rémunération du contrat de base dans les conditions ci-après exposées. Ce contrat remplace et se substitue au contrat précédent de septembre 1998.

Il est donc convenu ce qui suit :

1. OBJET DU CONTRAT

Box SA confie à Simba Communication, à partir du 1ᵉʳ octobre 2000, la couverture médiatique, presse et relations publiques de Box SA en continuité avec les services fournis précédemment.

Équipe de Simba Communication :

Claire Sarabi
Diane Mufasa

Un rédacteur (pour des travaux ponctuels d'écriture sur devis)

2. PRESTATIONS DE L'AGENCE

Médiatisation :

- Consulting :
  Déplacements, réunions,
  Une réunion avec le client tous les mois,
  Veille crise.

- Relations presse :
  Actualisation des fichiers de presse.

- Déjeuners :
  Rencontres personnelles de Claire Sarabi avec la presse institutionnelle, management et finance :
  - envois de communiqués de presse, campagne d'appels ;
  - suivi de toute demande spontanée émanant des journalistes ;
  - organisation de rencontres.

- Travail médiatique Box SA (trade, marketing et R&D) :
  - envois de communiqués de presse, campagne d'appels ;
  - suivi de toute demande spontanée émanant des journalistes ;
  - organisation de rencontres avec les porte-parole de Box SA.

- Possibilité de trois opérations ponctuelles en Europe (hors
  Grande-Bretagne) par an (une par trimestre sauf l'été).
  Exemple : organisation d'un voyage presse à l'occasion de
  l'ouverture d'un site.

- Toute opération de relations presse plus développée ou spécifique et toute opération européenne complémentaire,
  feront l'objet d'un devis remis au client pour accord. Aucun
  travail ne débutera sans l'accord signé du client.
  Exemple : organisation d'un événement en relations publiques comme la remise d'un prix à un collaborateur de
  Box SA, ou la remise d'un award pour un produit.
  Tout événement qui nécessiterait la double mobilisation du
  chargé de communication et d'une aide pour sa préparation.

Écriture :

*L'abonnement mensuel comprend l'écriture d'un communiqué
de presse par mois.*

Tout travail d'écriture complémentaire :
- communiqués de presse ;
- notes ;
- aide à l'écriture d'un article.

fera l'objet d'un devis remis au client pour accord et sera facturé au nombre de feuillets écrits et validés par lui.
Aucune mission d'écriture complémentaire ne sera débutée sans l'accord signé du client.

Par exemple, nous pouvons être amenés à facturer, avec l'accord du client, une note équivalente à la note Céréales Ltd ou l'écriture d'un article comme celui de l'Expansion Management Review de septembre.

3. BUDGET

- Consulting

- Déplacements, réunions

- Veille crise   1 524,49 € HT

Relations presse

Écriture d'un communiqué de presse par mois

Actualisation des fichiers de presse

Déjeuners
Rencontres personnelles de Claire Sarabi
avec la presse institutionnelle,
management et finance   4 573,47 € HT

Travail médiatique Box SA
(trade, marketing et R&D)   2 286,74 € HT

Possibilité de trois opérations ponctuelles en Europe (hors Grande-Bretagne) par an (une par trimestre sauf l'été)

Soit :

Honoraires mensuels   8 384,70 € HT
+ 10 % frais   838,47 € HT

Coût total mensuel   9 223,17 € HT

Toute opération de relations presse plus développée ou spécifique et toute opération européenne complémentaire, feront l'objet d'un devis remis au client pour accord préalable. Aucun travail ne débutera sans l'accord signé du client.

Frais

Les frais font l'objet d'un forfait mensuel à hauteur de 10 % de la somme globale hors taxes. Ces frais incluent les appels téléphoniques, fax, photocopies, achats de journaux et de livres, les déplacements sur Anvers, les coursiers et courriers, la consultation de banques de données, petits déjeuners et déjeuners tenus sans la présence du client.

NB : les déplacements en sus, en Belgique hors d'Anvers, et les déplacements à l'étranger seront remboursés sur présentation des justificatifs.

Écriture complémentaire (hors abonnement) :

Écriture de communiqués de presse, de notes...

Coût du feuillet :   304,90 € HT

Tout travail d'écriture complémentaire fera l'objet d'un devis remis au client pour accord et sera facturé au nombre de feuillets écrits et validés par lui.

Aucune mission d'écriture complémentaire ne sera débutée sans l'accord signé du client.

4. CLAUSES DU CONTRAT

a) Durée

Ce contrat prend effet le 1er octobre 2000 pour une durée de 1 an (jusqu'au 30 septembre 2001), renouvelable par tacite reconduction, pour des périodes identiques, sauf dénonciation par l'une ou l'autre des parties, observant un préavis de six mois par rapport à la date d'échéance.

b) Rémunération des prestations

En contrepartie de ses prestations, BOX SA versera à Simba Communication une rémunération mensuelle de :

- 9 223,17 € HT par mois, facturés en fin de mois et payables à 30 jours.

Les travaux d'écriture complémentaires seront facturés en fin de mois en fonction du nombre de feuillets écrits et validés par le client. Les factures d'écriture sont payables à 30 jours.

c) Confidentialité

Dans le cadre de la mission qui lui est confiée, Simba Communication s'interdit de divulguer toute information, tout document se rapportant aux prestations à fournir ou se rapportant à l'activité de Box SA sans l'accord exprès et écrit de M. Caja. À l'inverse, Box SA s'interdit de divulguer, à qui que ce soit, toute information concernant Simba Communication, ses méthodes ou ses techniques sans son accord exprès et écrit.

d) Avenants au contrat

Toutes conventions dérogatoires ou complémentaires au présent contrat revêtiront nécessairement la forme écrite et devront être approuvées par les deux parties. Elles constitueront des avenants, partie intégrante du présent contrat.

e) Rupture du contrat

En cas de résiliation par le client avant son terme, l'intégralité des sommes jusqu'à échéance du contrat sera due sans préjudice de tous autres dommages et intérêts.
À l'issue du contrat, et sous réserve du paiement intégral des sommes dues, la totalité des documents écrits par Simba Communication pour Box SA leur sera remise sans exigence de droits de propriété. De même, un exemplaire du fichier de presse et VIP ainsi que la mémoire des documents et archives constituées seront remis à Box SA

f) Engagements

Un point écrit mensuel, rendant compte du travail effectué par Simba Communication, sera remis à Box SA. Ce contrat définit une obligation de moyens et non de résultats.

g) Exclusivité

Sans accord préalable écrit, Simba Communication s'engage à ne pas travailler lors de la période contractuelle, avec une entité susceptible d'être en concurrence directe avec Box SA.

h) Attribution de juridiction

Tout litige pouvant découler du présent contrat sera tranché par le Tribunal d'Anvers, auquel les deux parties attribuent compétence.

Fait à Anvers, le
en deux exemplaires originaux,
dont un remis à chacune des parties.

Bon pour accord   Bon pour accord
M. Caja   Claire Sarabi
Box SA   Simba Communication

Plan de communication d'un horloger, spécialisé dans les montres de sport

Le plan de communication qui figure ci-dessous illustre les propositions d'une agence de communication faite à un horloger spécialisé dans les montres de luxe et de sport. Il combine relations presse et relations publiques.

GARANCE : plan de communication

I. LA SITUATION

- GARANCE est un horloger lié au monde du sport, en particulier du sport aéronautique.
- En France, les montres GARANCE sont présentes dans une centaine de points de ventes.
- Marque très appréciée des consommateurs français au début des années quatre-vingt-dix, GARANCE souhaite développer ses relations avec la presse et ses relations publiques, pour créer de nouveaux liens avec les médias et conquérir un autre public.

- La direction de la communication et le siège social de GARANCE se trouvent en Italie. Le siège italien réalise toute la communication écrite de Garance (communication institutionnelle et communication produit). Les dossiers sont ensuite adressés aux journalistes des pays où GARANCE est présent, par les filiales locales. L'idéal d'un communiqué par mois pour entretenir la relation n'est pas atteint.

- Garance souhaite trouver une agence de communication qui, en plus de l'envoi des communiqués de presse, assure la création d'une relation privilégiée entre la marque et les journalistes liés directement de près ou de loin au monde de l'horlogerie.

II. LA STRATÉGIE

- L'agence de communication n'intervient pas sur les messages écrits par GARANCE, mais sur leur diffusion et leur retransmission par la presse.

- Dans ce but, l'agence de communication propose de définir une stratégie de communication (relations presse) et d'événements (relations publiques).

- Cette stratégie s'appuie naturellement sur les médias dont GARANCE est déjà partenaire publicitaire.

- Cette campagne est, dans un premier temps, prévue pour durer neuf mois.

III. LES RELATIONS PRESSE

1. Création d'un fichier presse élargi (enrichissement du fichier actuel)

- presse professionnelle (montres-bijoux) spécialisée,
- presse aéronautique,
- presse quotidienne nationale,
- presse magazine grand public,
- presse « scientifique »,
- presse féminine,
- presse *people*,
- presse tendance,
- presse sportive,
- presse économique,
- presse quotidienne régionale,
- presse parlée, radio et TV,
- presse nautique,
- presse communication,

- presse culture, histoire,
- presse jeune,
- presse design, architecture,
- presse patrimoine,
- presse *in-flight*.

2. Création d'une revue de presse

- le fichier de presse GARANCE sera régulièrement enrichi par une revue de presse.

- cette revue de presse sera élargie aux événements qui auraient mérité une présence de GARANCE (par exemple : un article sur les sports pratiqués pendant les journées de RTT, ou bien sur les baptêmes en parachute).

- certains journalistes seront d'ailleurs contactés suite à ces articles : c'est là une habile façon de prendre contact et, à terme, d'entretenir un « bruit de fond » autour de la marque. C'est aussi un bon moyen d'attirer l'attention du milieu médiatique sur la marque, ses créations et sa communication.

3. Diffusion des messages de GARANCE (communiqués, dossiers de presse, fiches produits, visuels, etc.)

- Le réseau des journalistes ainsi constitué sera régulièrement informé de la « vie de GARANCE » (nouveautés produits, communiqués institutionnels, événements associés, manifestations diverses) par l'envoi de communiqués de presse réguliers. Le but est clairement d'obtenir des articles, tant sur les produits que sur les « attributs » de la marque (qualité, SAV, innovation, relation aux sports, etc.).

- Des relances téléphoniques seront effectuées auprès d'un cœur de cibles déterminé en fonction du positionnement du produit médiatisé. Il s'agit de détecter les besoins d'informations complémentaires, d'organiser d'éventuels rendez-vous entre le journaliste et le porte-parole de GARANCE France et de provoquer des échos favorables dans la presse.

- Un journal de bord (mensuel) est réalisé pour GARANCE, qui relate les opérations effectuées par l'agence de communication et qui permet ainsi de « prendre le pouls » des réactions médiatiques à la marque : c'est une sorte de sondage permanent sur l'image de marque de GARANCE auprès des journalistes.

4. Création d'« angles » en fonction des dossiers thématiques traités dans la presse, en les reliant aux éléments thématiques de GARANCE, quel que soit le type de presse considéré.

Par exemple :

- la Nouvelle Montre et l'euro ;
- le SAV des marques de luxe et le contrôle qualité ;
- le titane comme nouveau métal précieux ;
- la collection de montres ;
- les montres de l'espace ;
- le chronométrage sportif ;
- etc.

En plus du travail institutionnel, il s'agit de renforcer la cohérence de l'image de marque et de la rendre plus claire et plus puissante en enrichissant le territoire d'expression de GARANCE.

5. Animation du réseau des journalistes en fonction des événements où GARANCE se trouve associé

Il s'agit de mettre en place une véritable « Stratégie Kangourou » : cela signifie que GARANCE profite des grands **événements** porteurs **déjà créés** pour développer son image et son relationnel.

IV. LES RELATIONS PUBLIQUES

Pour réaffirmer la présence de GARANCE et poser son image de marque, différentes initiatives sont envisagées, en liaison avec le porte-parole de la marque (direction de GARANCE France).

1. Relations publiques personnelles de GARANCE France et de sa direction pour renforcer l'image de la marque

- Organisation de deux rencontres par mois (petit-déjeuner ou déjeuner one to one) entre un journaliste et le porte-parole de GARANCE France. Il s'agit de présenter la marque, ses spécificités sur le marché horloger, son histoire, son univers, ses clients, ses produits (mini-dossier de presse franco-français à prévoir pour valoriser Garance France au sein du monde GARANCE).

- Ces rencontres sont à organiser dans un lieu « naturellement » lié à l'image de marque de GARANCE.

- Création d'occasions d'entretiens avec la presse en fonction des thématiques rédactionnelles (presse écrite, radios, télévisions).

- Il s'agit, à terme, de faire du porte-parole de GARANCE France un acteur décisif et incontournable du marché français de l'horlogerie de luxe et un interlocuteur recherché par les médias.

2. Accompagnement des événements créés par GARANCE

- Organisation de manifestations pour les lancements de nouveaux produits (style salon Montres et collection) ou de partenariats sportifs (table à Roland Garros, tribune au Stade de France).

- Organisation de soirées « People-VIP » dans un Club parisien, en mélangeant presse, grands clients et VIP liés directement ou non à GARANCE.

- Organisation, parrainage ou co-organisation d'événements locaux liés au temps ou aux territoires de la marque (en fonction des points de vente).

- En France (initiatives à trouver : visites d'un musée pour la presse et les VIP de la marque, organisation d'une exposition « tournante » en province).

- Hors de France : suivi des invitations pour la presse et les VIP de la marque.

- Dans le cadre d'une stratégie de conquête du public féminin par le biais de l'aéronautique, association à un événement littéraire.

Plan de communication
d'une société de transport international

La première année de communication, la firme doit confirmer son identité par la présentation de son président aux journalistes. Toutefois, en même temps, cette société leader doit être locale et internationale et confirmer l'avance de ses expertises et savoir-faire. Toutes les actions de communication de la première année doivent donc s'organiser sur le schéma des quatre damiers ci-dessous qui veut jouer les cartes de l'entreprise.

**Le marché des valeurs :
se placer en leader et en innovateur
et être légitime sur des thèmes et enjeux de société :
politique d'environnement, sécurité…**

L'institutionnel	**Les produits, services et savoir-faire**
Image du **Président** **Lobbying** (local et ouverture du marché européen) Stratégie **financière** **Crise** et veille ou action sur les sujets de crise	Exemples : Les **centrales** de mobilité **Transports Lantier** : leader mondial de la gestion et l'exploitation des wagons **Le tramway** : moins polluant ou le choix du développement de la ville par le transport en commun **Interne** : quelles équipes au service des savoir-faire, la formation
L'international	**Le local**
Obtention ou renouvellement de contrats Ex : Salonique : en construction Montréal : réflexion sur l'automatisation des locomotives À terme… l'Asie	Exemples : Voyages de presse à Lyon, présentation des produits phares et des services de Transports Lantier Voyage de presse à Lille En 2002 : Nouveaux wagons au Mans

Un enjeu financier

Un contrat produit
pour le compte d'une entreprise de lingerie

Le contrat reproduit ci-après concerne une nouvelle société de lingerie qui cherche à s'imposer sur un marché fortement concurrentiel. Elle désire fonder sa stratégie de communication sur un positionnement jeune, abordable et espiègle.

SCARLETT LINGERIE

Proposition contractuelle pour une stratégie de relations presse

LANGAGE ET COMMUNICATION

Scarlett Lingerie est une PME de la lingerie corsetterie qui a un sens de la qualité et qui a décidé de structurer des collections jeunes, abordables, au ton nouveau : confort, espièglerie, diversité…

De «Tara » à « Ohara » la marque discount, on sent : un ton différent, un univers de marque, et un style (couleur, sémantique, display…) résolument autre.

Scarlett Lingerie veut « chahuter » le marché. Surprendre, durer, se renouveler.

Pour ce faire, Simba Communication propose un accompagnement original.

LE CONSULTING DE **Claire Sarabi**

Claire Sarabi veillera à :

- conseiller ;
- écouter M. Rhett, ses publicitaires, ses autres prestataires de la marque,

pour traduire par le langage et les mots choisis dans le lien avec les media et les personnalités qui font l'opinion, tout le ton désiré : espièglerie et qualité.

Les moyens et outils utilisés devront aussi être dans le ton : légers (mais sérieux et fidèles) et créer la différence.

MESSAGE – MATIÈRE

- Créer un dossier de présentation différent :
  - l'ambiance dans la lingerie corsetterie ;
  - l'esprit du projet ;
  - l'équipe fondatrice de la communication de la marque ;
  - les collections, leur style ;
  - les consommatrices, le marché ;
  - l'univers de la marque, sa sémantique.

Ce dossier de présentation devra être une véritable matrice argumentaire.

- Créer des notes d'information courtes, factuelles, bien renseignées, au ton vif.

- Des questions-réponses qui sont des billets de tendance sur les désirs des consommatrices (sous la forme d'un abécédaire adressé tout au long de l'année ?).

L'ART ET LA MANIÈRE : LES VIP, LES DÉCIDEURS, LES JOURNALISTES

- Une assistante dirigée directement par Claire Sarabi veillera à organiser des rencontres personnelles avec des journalistes.

- Attention, là encore, un ton devra être donné à ces rencontres.

- Scarlett Lingerie veut être reconnu comme un artisan créateur qui sait créer le désir, l'enchantement, le bien être.

- Le rendez-vous sera préparé avec soin.

- Un dossier personnalisé sera remis au journaliste ou au VIP rencontré (des échantillons bien choisis pourront être remis, voire une mallette ?).

- Un suivi détaillé du rendez-vous sera effectué. Il faudra réussir à créer une ambiance et une relation dans laquelle le journaliste se sente impliqué (lancer lors de chaque rendez-vous un jeu questionnaire, ultérieurement publié ? une enquête ?).

- Media concernés à rencontrer au juste moment en fonction des collections :
  - **la presse de la mode et la presse féminine**

    Pour exemples :

    - *Cible professionnelle :*
      Le journal du Textile
      Fashion Daily
      LSA

- Cible grand public :

Femme Actuelle	Elle	20 ans
Prima	Marie-Claire	Muteen
Avantages	Marie-France	Jeune et Jolie
Cosmopolitan	Miss	

NB : liste de titres de journaux non exhaustive.

– **La presse marketing et la presse économique**

L'aventure de l'entreprise pourra également être racontée par l'intermédiaire d'une communication vers :

- la presse entreprise et management ;
- vers la presse communication et marketing.

– **Les news magazines**

Claire Sarabi propose d'étudier avec soin le type de contacts qui devra être mis en place, à terme, vers ces magazines auprès desquels il est beaucoup plus difficile de s'imposer.

POINTS DE MÉTHODES ET MOYENS FOURNIS

- Le consulting stratégique de Claire Sarabi

- Mise à disposition d'une assistante de communication dédiée au client pour les relations avec la presse et les relations publiques.

- Mise à disposition d'un rédacteur dédié.

- Réunion à la demande du client.

- Criblage des articles déjà obtenus et de la revue de presse quotidienne.

- Établissement et enrichissement constant d'un fichier presse.

- Veille stratégique sur les événements susceptibles d'intéresser Scarlett Lingerie.

- Envoi des documents aux journalistes (dossier de presse, communiqués de presse, notes de presse…).

- Organisation de rendez-vous personnalisées avec les journalistes.

- Compte-rendu et reporting des rendez-vous journalistes.

- Relances téléphoniques des journalistes.

- Tenue d'un journal de bord mensuel des réactions obtenues. Ce point sur les réactions des journalistes pourra être transmis au client à sa demande.

- Gestion de toute demande spontanée d'un journaliste et, le cas échéant, envois d'informations complémentaires.

- Rédaction et envois des lettres de remerciements aux journalistes rencontrés.
- Suivi d'un *Press Book.*
- Reporting écrit des actions menées.

Simba Communication demande, en revanche, à son client de s'abonner à ses frais à un organisme de pige (Argus de la presse, Presse Plus, …) afin de se procurer toutes les coupures de presse parues

BUDGET

Proposition budgétaire pour une mission d'une durée de 9 mois :

- Le consulting et la coordination de Claire Sarabi

  Forfait pour 9 mois :   **9 150,00 € HT**

- Le message

  – Conception de la matrice argumentaire (dossier de présentation)
  Forfait proposé :   **7 622,00 € HT**

  – Les autres écrits (communiqué de presse, notes d'information, tribune…)
  Coût au feuillet :   **305,00 € HT**

  Forfait proposé pour 9 mois
  (7 communiqués de presse et 4 notes d'information)   **4 575,00 € HT**

  NB : compter un feuillet pour un communiqué de presse et deux feuillets pour une note d'information

- Organisation des rendez-vous (presse/VIP)

  Du mois d'avril, date où les documents écrits seront prêts, jusqu'à fin novembre, des rendez-vous avec la presse pourront être organisés.

  – Pour 10 premiers rendez-vous

    Forfait proposé :   9 150,00 € HT

    + 15 % de frais :   1 372,50 € HT
    (voir détail ci-dessous)

    Total :   **10 522,50 € HT**

    Au-delà de 10 rendez-vous, coût d'un rendez-vous : 1 372,04 € HT.
    Forfait proposé : **915,00 € HT** /rendez-vous supplémentaire (hors frais)

> **Les frais**
>
> - Sont facturés en sus des honoraires de relations presse, 15 % sur le total hors taxe des honoraires pour les frais.
> - Ces frais comprennent les achats presse, fax, téléphone, plis adressés à la presse, coursiers et courriers, achats de documentation, déplacements dans Paris et déplacements limitrophes, les déjeuners organisés pour le client en dehors de sa présence.
> - Les déplacements en lointaine banlieue, en province et à l'étranger seront à la charge du client (justificatifs fournis).
> - Les déjeuners tenus avec le client seront à sa charge.

- Les frais techniques

    Il s'agit de la fabrication (PAO simple) et de l'impression du dossier de presse (500 exemplaires), tirage de photos, achat de goodies pour les journalistes.

    Forfait frais techniques :   **6 000,00 € HT**

    NB : si le forfait frais technique est entièrement utilisé avant la fin de la mission (la fabrication et l'impression du dossier de presse représentant les deux tiers du budget, un devis complémentaire sera établi pour accord. A l'inverse, si le forfait frais technique n'est pas entièrement utilisé à la fin de la mission, le solde sera reporté sur une prochaine mission.

> **Les frais**
>
> BUDGET TOTAL :   37 869,50 € HT
>
> (consulting + matrice argumentaire + forfait écrits + forfait 10 rendez-vous presse) + forfait frais techniques

LES CLAUSES

Durée :

Cette mission de 9 mois prend effet le 1er mars 2002 jusqu'au 30 novembre 2002. Chaque partie a la faculté de la dénoncer par lettre recommandée avec accusé de réception, en observant un préavis de 3 mois.

Confidentialité

Dans le cadre de la mission qui lui est confiée, Simba Communication s'interdit de divulguer toute information, tout document remis par le client pour les besoins de l'exécution du présent contrat sans l'accord exprès et écrit d'un responsable de Scarlett Lingerie.

Avenants

Toutes conventions dérogatoires ou complémentaires au présent contrat revêtiront nécessairement la forme écrite et devront être approuvées par les deux parties. Elles constitueront des avenants et feront partie intégrante du présent contrat.

Engagement

Un point écrit mensuel rendant compte du travail effectué par Simba Communication sera remis au client. Ce contrat définit une obligation de moyens et non de résultats.

Exclusivités

Sans accord préalable écrit, Simba Communication s'engage à ne pas travailler lors de la période contractuelle, avec une structure concurrente ou susceptible d'être en concurrence directe avec Scarlett Lingerie.

Droits

Les écrits de Simba Communication sont tous droits réservés. Aucune utilisation (autre que presse) ne peut avoir lieu sans nous être soumise pour accord préalable et estimation des droits correspondants.

Rupture du contrat

En cas de résiliation du contrat par le client sans préavis, l'intégralité de la somme jusqu'à échéance du contrat sera due sans préjudice de tous autres dommages et intérêts.

Rupture du contrat d'écriture

Si le client, quelle qu'en soit la raison, décide d'abandonner la réalisation des travaux d'écriture en cours, 50 % du montant total hors taxe de la commande sera dû en règlement du travail effectué et des personnes mobilisées.

Attribution de juridiction

Tout litige pouvant découler du présent contrat sera tranché par le Tribunal de commerce compétent.

Médiatiser le livre d'un cabinet de conseil

Un livre semble simple à lancer. Une conférence de presse semble facile à organiser. Voici dans ce chapitre le cahier des charges d'un point presse sans événement. Il s'agit d'inviter les journalistes à la présentation du livre d'un cabinet de conseil sans presque aucun événement. On peut constater toutefois tout ce qui est à mettre en scène avant que le spectacle ne se joue. La liste est longue.

Quelques premières idées
pour la conférence de presse

Lancement du livre
du cabinet de conseil en organisation Einstein :
L'organisation : une équation

Présenter trois cas (ne pas dépasser 20 minutes par cas) pour illustrer le livre en présence des trois clients concernés. Les journalistes sont friands de témoignages concrets.

Imaginer même le lieu de la conférence dans les locaux d'un des trois clients. À titre d'exemple, si le cas « Opéra de Paris » est présenté lors de la conférence de presse, leurs locaux « mythiques » pourraient être envisagés.

La présentation du livre et des trois cas pourrait être précédés d'une introduction menée par un expert médiatisé (expert conseil en organisation, …). L'agence pourra proposer une liste d'experts adaptés.

Afin que la curiosité des journalistes soit attisée, et compte-tenu de leur sur-sollicitation, l'agence préconise, en complément du communiqué de presse et de l'invitation, l'envoi d'un objet / cadeau teasing. À titre d'exemple, un jeu de cartes au nom de chorégraphes célèbres, personnalisé du logo du cabinet Einstein et de la date de la conférence, pourrait étonner les journalistes et représenter la nouvelle image du cabinet.

CAHIER DES CHARGES

FEVRIER 2005	MARS 2005	AVRIL 2005

La conférence de presse à organiser
15 février – 25 avril 2005

RELATIONS PRESSE	LOGISTIQUE
• Lister et joindre les clients qui accepteraient de participer à la conférence de presse • Rédaction d'un communiqué de presse spécifique • Rédaction d'une lettre d'invitation personnalisée • Réactualisation et enrichissement du fichier de presse • Envoi du communiqué + lettre d'invitation aux journalistes du fichier de presse + cadeau teasing • Préparation d'un argumentaire d'appel • Relances téléphoniques personnalisées + point sur les réactions obtenues • Envois complémentaires, par fax ou par mail, du communiqué et de l'invitation aux journalistes qui ne les auraient pas reçus ou qui les auraient perdus • Liste de tous les invités joints • Préparation d'une liste de journalistes ayant répondu présents • Envoi d'une lettre de confirmation aux journalistes qui ont répondu positivement • Établissement d'un conducteur de la conférence de presse : réunion de répétition avec l'équipe dédiée d'Einstein	• Gestion de la logistique de l'événement : - visites de lieux, - location de salle, - matériel, - badges des participants, - viennoiseries, boissons (check-list à établir)

<table>
<tr><td>

Jour « J »
25 avril 2005

</td></tr>
<tr><td>

- L'agence Bonne Nouvelle – RP gérera l'accueil des journalistes.
- L'agence Bonne Nouvelle – RP pourra aussi gérer la logistique du petit-déjeuner (viennoiseries, thé, café, jus d'orange, …)
- Liste alphabétique de tous les invités.
- Liste alphabétique de tous les journalistes qui ont répondu présents.
- Distribution sur place du communiqué de presse aux journalistes qui ne l'auraient pas reçu, ou oublié.
- Distribution sur place du livre de Jules et Pierre Jumeau.
- Distribution sur place du dossier de presse aux journalistes qui le souhaitent.

</td></tr>
<tr><td>

Suivi de l'opération
25 avril – 31 mai 2005

</td></tr>
<tr><td>

- Envoi du livre aux journalistes qui le demandent expressément
- Envois de lettres de remerciements à tous les journalistes présents.
- Relances téléphoniques et éventuels envois d'informations complémentaires personnalisées demandées lors de la conférence par les journalistes les plus intéressés par le sujet.
- éventuelle organisation de rendez-vous personnalisés avec les journalistes séduits par le sujet mais qui n'ont pas pu se déplacer.
- Réactualisation du fichier de presse.
- Suivi des retombées presse et constitution d'un *Press Book*
- Un court bilan écrit de l'opération sera remis au client par L'agence Bonne Nouvelle – RP.

</td></tr>
</table>

Médiatiser un livre sur les retraites

L'exemple décliné ci-dessous se présente sous deux documents, le premier correspondant au plan de communication, le second au contrat tel qu'il a été soumis à l'annonceur. L'un et l'autre ont pour objet la médiatisation d'un livre sur les retraites.

Le plan de communication

La Caisse de Retraite des Chirurgiens-Dentistes

Médiatisation de l'ouvrage :
Quel avenir pour les retraites ?

I. PLANNING CAMPAGNE DE PRESSE / RETRAITES DES CHIRUGIENS-DENTISTES

Message - août

Écriture d'un dossier de presse faisant re-sortir :

- les arguments de l'auteur ;
- les étapes d'un bilan ;
- sa thèse.

Il s'agira de mettre en valeur les moments forts du livre… pour des journalistes qui n'ont pas toujours le temps de lire.

- l'auteur sera présenté, son parcours ;
- la caisse de retraite également

Un communiqué (sorte de résumé mettant en exergue les arguments les plus forts du livre) sera extrait du dossier de presse.

Ce travail permettra de tenir avec l'auteur deux réunions stratégiques qui nous permettrons de terminer de définir le positionnement stratégique de toute la campagne de presse à mener.

Ces réunions permettront éventuellement à l'auteur de se préparer à rencontrer les journalistes. Simba Communication listera d'ailleurs pour la seconde réunion les questions difficiles que pourraient poser les journalistes.

Cibles du 15 août au 30 octobre

Simba Communication préparera un fichier relié à tous les thèmes évoqués dans le livre.

Ce fichier servira à :

- l'envoi de bonnes feuilles du livre (journalistes alliés) ;
- l'envoi des ouvrages une fois édités avec le dossier de presse ;
- il permettra également d'établir un plan media : la liste des journalistes à rencontrer lors de petits-déjeuners de presse en octobre.

Toutes les deux semaines, l'auteur viendra 2 jours. Il faudra essayer de lui faire rencontrer

- la dernière quinzaine de septembre ;
- la première quinzaine d'octobre ;
- la deuxième quinzaine d'octobre.

À chaque voyage, deux à trois journalistes ce qui permettrait d'établir un contact privilégié avec les dix journalistes des media considérés comme le « cœur de cible » compte tenu des propos tenus dans le livre.

L'auteur doit en septembre être élu Président de la Caisse de retraite des chirurgiens dentistes.
Un fait d'actualité que Simba Communication devra savoir utiliser pour aider à une plus ample médiatisation de l'ouvrage.

Si fin octobre l'auteur voulait prolonger sa campagne, Simba Communication pourrait lui offrir un plan de campagne phase II qui serait présenté le 15 octobre pour continuer cette médiatisation des le 1er novembre.

Par exemple :
Débat avec d'autres auteurs par le biais d'un déjeuner de presse avec des auteurs de renom tels :
Louis Bériot : Abus de bien public, d'autres types d'auteurs et de livres proches des thèmes de débat présentés par l'auteur pourront être suggérés à M. Bourdu s'il fallait en novembre envisager de faire rebondir le débat.

Dans cette phase I, Simba Communication propose :

- un contact qualifié avec cent vingt journalistes ;
- la rencontre organisée par Simba Communication d'au moins dix d'entre eux ;
- le suivi qualifié de tout journaliste effectuant une demande ;
- et une relance suivie de cinquante d'entre eux qui seront considérés comme les plus intéressants et mobilisables.

II. MOYENS DES RELATIONS PRESSE

Moyens fournis dans cet abonnement :

- trois heures de consulting de Claire Sarabi ;
- une revue de presse ;
- création et entretien d'un fichier relations presse (d'août à octobre – 120 à 180 noms) ;
- comptes rendus des rendez-vous tenus avec les journalistes ;
- un journal de bord hebdomadaire écrit et informatisé du travail effectué ;

- un plan d'action stratégique ;
- un calendrier des prises de parole et des messages à écrire pour effectuer le suivi des journalistes rencontrés ;
- lettres de remerciement ou de suivi de rendez-vous ;
- réponse à toute demande émanant d'un journaliste ;
- la présence une journée et demie par semaine d'un chargé de communication affilié à son dossier ;
- coordination du ou des rédacteurs.

Simba Communication demande en revanche à la Caisse de Retraite des Chirurgiens-Dentistes de s'abonner à un organisme de suivi des coupures de presse type : l'Argus afin d'obtenir le relevé informatisé de toutes les coupures de presse obtenues.

Hors abonnement, Simba Communication facturera les écrits nécessaires à l'animation de cette campagne

III. LES FRAIS

Sont facturés, en sus des honoraires, 15 % sur le total hors taxe des honoraires pour les frais.

Ces frais comprennent les achats presse, fax, téléphone, plis adressés à la presse, coursiers et courriers, achat de documentation, déplacements dans Paris et déplacements limitrophes, les déjeuners organisés pour le client en dehors de sa présence.

Les déplacements en lointaine banlieue et en province seront à la charge du client.

Les déjeuners tenus avec le client seront à sa charge.

Pour tout autre frais technique, manifestations à organiser, tirage des dossiers de presse, tirages photos, les devis sont fournis, pour approbation, au client au cas par cas.

IV. BUDGET

Message :

- positionnement de la campagne ;
- consulting stratégique ;
- écriture d'un dossier de presse (10 feuillets) ;
- conception d'une matrice argumentaire (communiqué) ;
- préparation de l'auteur aux questions les plus délicates.

4 878,37 € HT

Cibles :

- établissement du fichier ;
- lettre d'accompagnement personnalisée ;
- envoi du dossier de presse ;
- relances téléphoniques ;
- plan stratégique de rencontres de journalistes ;
- mise au point de petits-déjeuners de presse personnalisés.

Du 15 août au 30 octobre	6 097,96 € HT
Frais 15 % (sur 40 000,00 F HT) (voir page 7 pour le détail des frais)	914,69 € HT
Montant total	11 891,02 F HT

Conditions de paiement :

Nous proposons de répartir le paiement sur 3 mois soit :

Août :	3 963,67 € HT
Septembre :	3 963,67 € HT
Octobre :	3 963,67 € HT

Les factures sont émises en début de mois pour provision, le règlement s'effectue à 30 jours fin de mois.

Coût ponctuel d'écriture au feuillet :

Coût du feuillet :   304,90 € HT

Il s'agirait là de l'aide à l'écriture de cas concrets à présenter à la presse ou de l'aide à l'écriture d'éventuelles tribunes ou de l'écriture de communiqués de presse complémentaires nécessaires vu les rebondissements que peut connaître l'actualité de la médiatisation de votre ouvrage.

Cela comprend :

- le criblage de documents ;
- les temps de réunions ;
- une première écriture ;
- l'intégration des corrections ;
- la soumission d'une deuxième version finale définitive.

Chaque commande d'écriture sera effectuée seulement après soumission d'un devis signé au cas par cas par le client.

Conditions de paiement :

Les factures complémentaires nécessaires sont émises chaque fin de mois en fonction du nombre de feuillets écrits et validés par le client pendant le mois écoulé. Le paiement s'effectue à 30 jours fin de mois.

Paris, le 31 juillet 2002

Fait en deux exemplaires originaux

Dont un remis à chaque partie

Michel Bourdu

La Caisse de Retraite des Chrirurgiens-Dentistes

Claire Sarabi

Simba Communication

Chapitre 6

Les relations presse et les TIC

Les nouvelles technologies au service des RP : quels changements pour demain ?

Au cours des chapitres précédents, les outils fondamentaux des relations presse ont été passés en revue. Leur usage a parfois connu quelques changements au fil des décennies et de la lente professionnalisation du métier mais, de façon générale, communiqués, dossiers et fichiers de presse sont restés les trois outils de référence pour tout bon chargé de communication.

Marquées par un engouement irraisonné pour les nouvelles technologies de l'information, avec un cortège de prophéties annonçant l'entrée dans l'ère du tout numérique et vantant l'utopie de la communication *zero paper*, les péripéties des années 1999-2001 n'y ont rien changé : les agences de relations presse continuent de recourir aux bons soins de La Poste pour diffuser leurs informations auprès de leurs cibles. Les enthousiasmes divers suscités en cette période de forte spéculation que l'on a appelée la « bulle Internet » sont pour la plupart tous retombés en laissant, au passage, nombre de professionnels sur le carreau : les agences spécialisées *high-tech*, confrontées aux faillites ou aux restructurations de leurs clients ; les agences traditionnelles, qui avaient ouvert massivement leurs portes à des *dotcoms* insolvables ; et les jeunes attachés de presse, remerciés aussi vite qu'ils avaient été embauchés au moment où il avait fallu répondre à un flot de demandes urgentes, en provenance de *start-ups* qui, parfois, parvenaient à « lever » des millions de francs en brandissant un simple plan de communication en guise de *business plan*... Par ricochet, l'éclatement de la bulle a rendu encore plus ardue la tâche des chargés de communication, avec la disparition de nombreux supports et titres de presse, écrite ou en ligne, que leur appétit de contenus rendaient faciles à entreprendre.

Outre les difficultés économiques qui suivirent cet effondrement, ces quelques années d'euphorie ont porté à la profession un préjudice qui, lui, n'a rien de virtuel... Une part importante de son crédit s'est trouvée entamée, aussi bien auprès de ses clients que des journalistes. Les premiers sont devenus méfiants : les nirvanas médiatiques que certains leur ont fait miroiter à coup de sites web, d'interactivité et de conférences de presse virtuelles se sont révélés des enfers budgétaires sans impact réel. Les seconds ont pris en grippe ces professionnels qui les abreuvaient quotidiennement de communiqués sur un quelconque portail censé révolutionner le commerce, bâtir les communautés du futur, ou bien encore mettre d'un seul clic toute la connaissance du monde à la portée de l'internaute moyen. Il ne s'agit pas, bien sûr, de réécrire l'histoire et de moquer, avec le confort que donne le recul, tous ceux qui se sont abandonnés corps et âme à la vogue éphémère du tout numérique : c'est, dans leur grande majorité, avec la plus totale sincérité qu'ils ont succombé au rêve d'une forme radicalement nouvelle de communication, et l'on n'a pas entendu beaucoup de voix s'élever, à l'époque, contre des abus aujourd'hui trop facilement dénoncés. Les professionnels de la communication ont été pris d'une forme d'ivresse collective, qu'il convient désormais d'assumer collectivement, profitant de la « gueule de bois » généralisée du secteur pour en tirer des leçons positives pour l'avenir.

À quelque chose malheur est bon. Maintenant que tous les excès ont été commis – et bien souvent expiés –, la profession peut sereinement se concentrer sur les questions que pose l'intégration des nouvelles technologies dans ses pratiques.

La révolution Internet n'a pas eu lieu. La communication n'a pas changé de visage du jour au lendemain. Malgré un puissant élan de foi millénariste, notre entrée dans le XXIe siècle n'a pas changé la face du monde : la planète compte encore une majorité de gens qui préfèrent acheter leur pain à l'épicerie du coin plutôt que sur le web, qui persistent à prendre la plume pour envoyer leurs vœux, et qui discutent avec leurs amis autour d'un pot plutôt que d'un logiciel de *chat*. L'absorption des nouvelles technologies par la société est rapide, certes, mais elle ne fait pas pour autant l'objet d'un *boom*. Or, il est très important de bien saisir le rythme réel de ces changements pour en comprendre la portée, plus particulièrement, en ce qui nous concerne, dans le domaine des relations presse.

De l'usage intelligent des nouveaux outils...

Dans un nombre sans cesse croissant de métiers, il est devenu indispensable de maîtriser deux choses : l'anglais et l'informatique. À tel point que certains ne mentionnent même plus dans leur *curriculum vitae* ces savoir-faire particuliers : ils sont devenus des évidences professionnelles dans l'industrie des services et, notamment, dans le monde de la communication. On ne saurait trop recommander aux jeunes désireux d'entrer dans la carrière de se familiariser le plus tôt possible avec le b.a.-ba des logiciels de bureautique. Un chargé de communication utilise quotidiennement traitements de textes, tableurs, bases de données et outils de présentation. Il doit savoir taper sur son clavier avec un peu plus de deux doigts, envoyer et recevoir des mails et connaître Internet comme sa poche – des compétences assez sommaires qui, il est vrai, rebutent moins les jeunes générations naturellement adeptes de la souris que les « vieux pros » habitués à manipuler classeurs et bottins en tous genres…

En une petite dizaine d'années, donc, les autoroutes de l'information ont colonisé l'univers des relations presse. Mais on ne parle pas encore des « autoroutes de la relation ». Internet et la bureautique ont facilité ou automatisé un grand nombre de tâches, mais ils s'avèrent incapables de conférer à un chargé de communication le sens de l'information, le goût de l'échange et l'art de la convivialité nécessaires à la réussite de sa mission auprès des journalistes. Des technologies futures parviendront peut-être bientôt à faire passer électroniquement émotions, sourires et personnalités mais, d'ici là, les professionnels des relations presse ne doivent pas oublier que le cœur de leur métier reste la construction d'une relation entre êtres humains sensibles, et non un échange de marchandises. C'est ce souci permanent qui doit guider le bon usage des outils de communication apparus récemment.

Peut-on ou non, par exemple, prendre pour la première fois contact avec un journaliste au moyen d'un simple mail ? Tous les professionnels ne tombent pas d'accord sur la réponse à cette question. Les journalistes eux-mêmes ont tendance à y répondre par la négative, tant ils craignent toujours d'être sollicités trop souvent et sur des sujets qui ne les intéressent pas. Ce qui est certain, c'est que le mailing électronique impersonnel est à proscrire. Non seulement il s'apparente à la pratique du *spamming* réprouvée par les règles de conduite sur Internet mais, en plus, il a peu de chance d'attirer vraiment l'attention du journaliste ou, pire, risque de l'irriter. Dans tous les cas, la tentative de prise de contact est un échec complet.

En revanche, il semble raisonnablement acceptable d'entrer en relation avec un journaliste par le biais d'un mail rédigé à la façon d'un courrier personnel traditionnel, et envoyé à une adresse électronique publiquement accessible – par exemple, dans un annuaire professionnel.

D'une utilisation délicate lors des premiers contacts, le mail se révèle très précieux aussitôt que des échanges réguliers sont établis. Pratique et si rapide, il évite l'enchaînement des coups de téléphone, les piles de fax, et permet au chargé de communication de répondre sans perdre de temps aux questions du journaliste pressé, qui a besoin d'une information de détail, d'une précision sur un chiffre ou un nom pour terminer son article avant le bouclage. Quand on connaît bien son interlocuteur, quelques mots suffisent pour se faire comprendre : le mail invite à l'emploi d'un style plutôt laconique qui encourage, en général, à aller à l'essentiel. Il permet également de communiquer de manière beaucoup plus proche et à moindre coût avec la presse étrangère, effaçant les distances et facilitant la gestion des décalages horaires.

Afin de tirer le meilleur parti possible des atouts du courrier électronique, il est bon de ne jamais perdre de vue ses quelques inconvénients, au premier rang desquels figure le risque d'une certaine dépersonnalisation de la relation. Le mail est un canal de communication supplémentaire, dédié aux informations concrètes, aux précisions et aux détails logistiques (horaires des conférences de presse, rappel d'un rendez-vous…). Il ne peut en aucun cas remplacer les longues conversations d'explication et de présentation par téléphone ou en tête-à-tête.

Par ailleurs, l'informatisation des fichiers de journalistes présente un intérêt incontestable. L'automatisation des tâches les plus fastidieuses (comme l'édition de centaines d'étiquettes pour un mailing) constitue un gain de temps et de confort très appréciable, tandis que la possibilité de multiplier à loisir les critères de classement fait indéniablement gagner en efficacité. En revanche, la numérisation des outils fondamentaux du métier que sont le communiqué et le dossier de presse répond à des enjeux moins évidents. C'est une étape nécessaire de nos jours mais, là encore, il faut se méfier de la figure extrême du *zero paper* pour rester capable de répondre à toutes les demandes possibles. Les journalistes n'ont jamais les mêmes pratiques, ni les mêmes habitudes ni, tout simplement, le même degré d'équipement informatique. Selon leur situation ou leurs préférences, il faut être en mesure de leur adresser un communiqué aussi bien par courrier que par fax et par mail. De même, si un dossier de presse numérique présente l'avantage de ne pas coûter cher à l'impression et d'être rapidement disponible, il ne facilite cependant pas la vie du journaliste doté d'une connexion Internet à bas débit, et se prête moins bien à l'archivage qu'un beau et riche dossier, relié ou inséré dans une chemise au graphisme aisément identifiable. La meilleure voie à suivre est sans doute celle du double envoi : expédier un document par mail pour répondre à une demande urgente d'information, et aussitôt mettre sous pli la version papier de ce même document, de sorte que le journaliste pourra à coup sûr en disposer selon son gré.

Autant ce type de numérisation de l'information démontre chaque jour un peu plus son utilité, autant les conférences de presse sur Internet, qui étaient du plus grand chic au temps de la bulle Internet, ont fait long feu : la complexité et les défaillances techniques de ce type de rendez-vous ont fait perdre trop de temps aux journalistes et aux clients, qui ont fini par s'en détourner. Il faudra attendre de nouvelles avancées en matière de mondes virtuels pour dématérialiser ce sempiternel rendez-vous avec la presse, si typique par ses symboles : l'estrade, les chaises, les micros, les diapos et la carafe d'eau pour les intervenants...

Il est un domaine, cependant, où les professionnels des relations presse interviennent encore trop peu, alors qu'ils y ont un mot utile à dire : les sites web des institutions et entreprises qu'ils représentent. De nombreux journalistes sont devenus des inconditionnels du web – non pour la qualité et la fiabilité, souvent contestables, des informations qu'ils y retrouvent, mais pour le premier aperçu que donne un site des activités de son propriétaire. Avant un rendez-vous, avant l'interview, par exemple, d'un dirigeant ou d'un porte-parole d'une entreprise, le journaliste ira toujours surfer quelques minutes sur le site de celle-ci pour se familiariser avec son discours habituel. C'est une manière simple de recueillir les renseignements institutionnels de base, qui permettront au journaliste de faire porter l'entretien plus facilement et plus rapidement vers des thèmes plus pointus, moins convenus, présentant, finalement, plus d'intérêt pour ses lecteurs, auditeurs ou téléspectateurs.

Ainsi, parce qu'ils constituent bien souvent le tout premier contact des journalistes avec l'univers ou le propos de leurs clients, les professionnels des relations presse doivent être associés de près à la conception des sites web. Ils ne possèdent certes pas les compétences techniques pour intervenir de façon active et centrale dans ce processus – ce n'est pas leur métier –, mais puisque l'ambition d'un site est toujours de répondre au mieux aux attentes de tous les internautes susceptibles d'y promener leur souris, il est nécessaire qu'ils participent à la phase de conception en tant que conseillers, spécialistes de l'une des cibles potentielles du site : les journalistes. Ils sont les mieux placés pour se mettre à la place de ces derniers, pour imaginer ce qu'ils ressentiront au cours de la navigation, ce qu'ils espèrent en retirer. Leur avis doit être pris en compte sur l'ensemble des parties du site, et non uniquement sur les espaces – d'ailleurs de plus en plus fréquents – spécialement dédiés aux journalistes. On ferait en effet insulte à leur curiosité atavique en croyant que les journalistes ne cliquent, bien sagement, que là où on leur dit de cliquer…

Cela n'enlève rien, bien sûr, à l'intérêt de ces « espaces presse » en ligne, où sont proposés, en accès généralement libre, les communiqués les plus récents, les coordonnées exhaustives des chargés de communication et, parfois, quelques documents et illustrations (rapports annuels, études, photographies, films…). Lorsqu'ils sont bien conçus et, surtout, fréquemment mis à jour, ces espaces facilitent beaucoup le travail, et des journalistes, et des chargés de communication. Mais on rencontre encore sur Internet beaucoup de rubriques un peu trop vite intitulées « actualités », dont les informations les plus récentes datent d'au moins six mois, quand ce n'est pas un an… Cela ne favorise pas une image de sérieux, et ne renforce guère la crédibilité du discours de l'émetteur. Pour être efficace, ce genre de dispositif à destination de la presse représente un investissement, parfois assez lourd, qu'il faut assumer dans la durée.

Dans ce domaine comme dans bien d'autres, il est alors moins nocif de ne rien faire, plutôt que de faire les choses à moitié.

Vers la généralisation
des bureaux de presse en ligne

Lorsqu'une entreprise a choisi de confier la conduite de ses relations avec la presse à un prestataire extérieur, se pose également la question de savoir qui, de l'agence ou du client, doit héberger sur son site le dispositif de RP. Parce que la notoriété du client est *a priori* plus grande, il semble plus logique que ce soit le site de celui-ci qui abrite l'espace presse : un journaliste qui cherche sur Internet des informations sur les produits cosmétiques inscrira plus volontiers dans son moteur de recherche le nom d'une grande marque que celui d'une agence de communication. Mais, si leurs moyens le leur permettent, il est plus que souhaitable que les agences publient elles aussi les documents et communiqués de leurs clients sur leur propre site. Un journaliste en quête d'un bon sujet est en effet susceptible d'aller chercher un peu d'inspiration sur le site des agences de communication qu'il connaît bien, en qui il a confiance et avec qui il a déjà travaillé. Cette approche est particulièrement valable pour les agences spécialisées. En rassemblant sur leur site les informations émises par plusieurs clients issus d'un même secteur d'activités, elles donnent aux journalistes une très appréciable vue d'ensemble de l'actualité, de l'état et des problématiques d'un marché.

C'est comme cela qu'avait procédé, en son temps, de façon pionnière, l'agence RUMEUR PUBLIQUE, spécialisée dans les *high-techs*. Elle animait deux sites : l'un, commercial, était intitulé « www.rumeur-publique.fr » et présentait classiquement ses activités, ses savoir-faire, ses références... L'autre, baptisé « www.rp-net.com », était exclusivement destiné aux journalistes. Ces derniers pouvaient y consulter tous les communiqués, notes et dossiers émis par l'agence et classés selon deux axes : soit par thème, soit par client. Par ce travail de collecte et de présentation de l'information, l'agence prenait une autre dimension. Elle ne se contentait pas de représenter ses clients, d'agir comme un médiateur : elle cherchait volontairement à se placer comme une source de renseignements à part entière, une sorte de « grossiste de l'info » qui ne solliciterait plus les journalistes mais, au contraire, serait sollicité par eux. L'expérience a très bien fonctionné pendant un temps, notamment parce que l'agence comptait parmi ses clients des acteurs de référence sur le marché de l'informatique.

Une série de problèmes financiers propres à cette entreprise ont mis fin à l'aventure, mais son modèle reste valable – et pas uniquement dans le domaine des hautes technologies et de l'informatique. Mieux armées et plus sensibilisées à ces questions, les entreprises *high-tech* ont été les premières à s'équiper et à promouvoir la communication *via* Internet et l'ensemble des supports numériques. Mais on peut tout aussi bien imaginer une généralisation des portails exclusivement dédiés aux journalistes, animés par les agences de RP, et consacrés tantôt à des thèmes particuliers (santé, BTP, finances, environnement...), tantôt à des informations plus générales, reflétant la diversité du portefeuille clients de l'agence.

C'est dans ces bureaux de presse en ligne que réside la plus grande valeur ajoutée que les TIC sont susceptibles d'apporter aux relations presse : des sites purement « RP », véritables carrefours de l'information, où les journalistes peuvent piocher à loisir parmi une matière abondante, constituée de communiqués, de dossiers, de notes techniques, de dépêches quotidiennes et d'illustrations multimédia en tout genre.

« Dématérialisation de la matière » nouveau profil des RP

Cette « dématérialisation de la matière » avec laquelle travaillent traditionnellement les chargés de communication peut passer pour une révolution, tant les nouvelles pratiques qu'elle suscite font potentiellement économiser du temps et de l'argent : une information peut être disséminée dans le monde entier en quelques secondes sans payer un seul timbre, un volumineux dossier de presse peut être adressé à des centaines de journalistes sans engager de lourds frais d'impression, et un centre de documentation de 2 m^2 suffit à abriter une banque de données d'une capacité pratiquement infinie.

Mais ces récentes possibilités sont aussi et surtout la cause et la conséquence d'une sorte de bouleversement sociologique qui frappe les relations presse. Elles constituent un des aspects majeurs du processus de professionnalisation du métier qui s'accélère depuis une petite dizaine d'années. Les outils informatiques représentent un élément nouveau et supplémentaire dans la pratique des RP qui sonne définitivement le glas des « loups solitaires » de la profession. On ne rencontrera plus, désormais, cette figure mythique de chargé de communication – le plus souvent une attachée, d'ailleurs – capable d'assumer à lui seul toute la communication d'un grand groupe envers les journalistes, armé de son carnet d'adresses et de son stylo, perpétuellement pendu au téléphone, jonglant entre les étiquettes, les coupures de presse et les cartons d'invitation. L'augmentation massive du volume de communications dans le monde au cours des années 1990, ainsi que les enjeux qui y sont associés, ont rendu le métier beaucoup trop complexe pour rester l'affaire d'une personne seule : l'heure est à la séparation des tâches et au travail en équipe. Et les NTIC sont pour une bonne part responsables de ce changement.

Une analogie éclairante peut ici être trouvée avec la profession comptable. Comment se représente-t-on, traditionnellement, le quotidien d'un expert-comptable ? On imagine un homme, installé dans un bureau confiné, manipulant à longueur de journée des livres de comptes épais comme des bottins, rédigeant des centaines de colonnes de chiffres, une calculette à la main, dans l'angoisse permanente qu'une erreur de virgule vienne fausser les comptes et obliger à tout reprendre. Rien n'est plus faux. S'ils ont gardé la rigueur et la minutie propres à leur esprit forcément mathématique, les experts-comptables, de nos jours, ne mettent pratiquement plus le nez dans les livres des entreprises : la laborieuse saisie de données et les tortueux calculs de taux, qui faisaient autrefois l'essentiel de leur métier, sont aujourd'hui des tâches entièrement automatisées, dont la responsabilité est le plus souvent déléguée à un assistant. Le cœur de leur métier – leur expertise véritable – réside désormais dans l'interprétation des résultats, l'analyse fine des données compilées par les ordinateurs, le conseil financier et la réflexion stratégique auprès de leurs clients chefs d'entreprise. L'informatisation de leurs pratiques a libéré leur emploi du temps, a changé la nature et la portée de leur métier. Il en va de même avec les relations presse.

La part « administrative » du métier n'occupe plus que quelques heures dans la journée : quelques clics suffisent à la mise à jour quotidienne de la banque de données des contacts avec la presse, à lancer une impression massive de communiqués et à préparer le routage des envois. Le chargé de communication n'a même plus besoin de superviser directement ces opérations très répétitives. Libéré de ces tâches laborieuses, il peut se concentrer sur ce qui fait le cœur et la valeur de son métier : la construction de relations durables et plus approfondies qu'auparavant avec les journalistes, et le conseil stratégique auprès de ses clients. De surcroît, avec la nouvelle organisation du temps de travail que tendent à favoriser ces nouveaux outils, il est de moins en moins cet acteur longtemps isolé, soit au sein d'une direction de la communication coupée du reste de l'entreprise, soit chez un prestataire. Les RP ne sont plus l'affaire d'un ou d'une attaché(e), mais d'une véritable équipe, de plus en plus nombreuse, mêlant des opérateurs, des techniciens et des experts. Les premiers sont, le plus souvent, des assistants en charge des tâches purement administratives ; les seconds sont des rédacteurs, des consultants, des informaticiens, des graphistes et autres spécialistes, intervenant à des moments bien précis de la campagne de RP pour vérifier que le message est parfaitement mis en forme et atteindra bien sa cible ; les troisièmes sont les chargés de communication proprement dits, les chefs d'orchestre de la campagne. Leur mission est triple : faire le lien entre tous les membres de l'équipe, travailler avec le client à la définition des messages et des cibles, et, enfin, sensibiliser les journalistes à ces mêmes messages.

L'importance du facteur humain et le poids de l'expression

Cette architecture inédite qui s'impose, petit à petit, dans l'univers des relations presse, en grande partie sous l'effet des nouvelles technologies de la communication, confirme plus que jamais la valeur ajoutée du facteur humain dans cette profession, et l'importance de bâtir de véritables stratégies de messages.

Avec les TIC, aujourd'hui, on peut tout se permettre, lancer en quelques jours des campagnes internationales, comme créer des animations imaginatives sur le web. Mais l'essentiel du métier reste ancré en amont, dans la conception d'un message de qualité au service d'un relationnel crédible. L'adéquation cible-message est un aspect des RP que les nouvelles technologies ne peuvent pas prendre en compte : il faut, pour y parvenir, toute l'intelligence d'un chargé de communication. L'arsenal technologique à sa disposition n'est qu'un appui.

Jamais, dans ces conditions, la qualité de l'expression n'a été aussi indispensable. Parce que, dans le « village mondial », tout message est répercuté instantanément n'importe où dans le monde, le choix des mots est devenu stratégique et les nouveaux outils doivent, plutôt qu'apporter du confort aux paresseux, servir à envoyer des communiqués mieux ciblés, à proposer des angles d'articles plus pointus, bref, à gérer plus intelligemment la sensibilité des différents médias.

Les TIC et la gestion de crise

Du fait de leur caractère interactif, les TIC sont particulièrement utiles lors d'une situation de crise. Lorsqu'un tel événement survient, il est alors nécessaire de mettre sur pied, dès les premiers jours de la crise, un site Internet qui lui soit dédié. Ce site devra être accessible à partir de la page d'accueil de l'entreprise en difficulté, tout en disposant d'une adresse et d'une ligne graphique qui lui soit propre. La crise n'est en effet qu'un moment passager, un accident dans la vie dans l'entreprise : elle n'appartient pas à son identité, et le site qui s'y rapporte ne doit donc pas se confondre avec le site *Corporate* de l'entreprise, censé en présenter l'identité et les activités habituelles.

Grâce au site Internet de crise, l'entreprise pourra reprendre la parole et donner sa propre vision des événements, sous l'angle qu'elle jugera le plus positif. Le fait de communiquer au plus grand nombre, presse mais aussi grand public, aura également un effet bénéfique sur son image, celle d'une entreprise sachant faire front et assumer, si besoin était, ses responsabilités. Le site permettra également l'instauration d'un dialogue : les internautes doivent pouvoir accéder à une FAQ (« foire aux questions ») où ils trouveront des réponses aux questions les plus fréquemment posées. Si l'entreprise dispose des ressources humaines suffisantes, il ne faut pas non plus hésiter à fournir une adresse mail que les visiteurs pourront utiliser pour dialoguer avec des responsables. Enfin, il ne faut pas négliger un espace dédié aux journalistes, avec un bureau de presse en ligne, dans lequel sera mis à disposition l'ensemble des informations qui leur sont nécessaires (dossier de presse, historique des communiqués publiés, rapports d'experts, liens utiles, coordonnées…).

Cf. Exemple d'un site Internet de crise p. 286 en annexe.

Chapitre 7

Cas concrets de stratégies de relations presse

La communication institutionnelle délicate : le cas du groupe PSA

L'organisation de la direction de la communication du groupe PSA constitue, par son ampleur, une parfaite illustration de l'importance prise par cette fonction dite « transversale » au sein des grandes entreprises. Mais elle est également exemplaire de la complexité du métier pour plusieurs autres raisons. D'abord, parce qu'il s'agit d'une organisation où trois directions de la communication distinctes doivent se coordonner et s'harmoniser en permanence : celle du groupe PSA et celles des deux marques qui le composent, PEUGEOT et CITROËN, lesquelles sont – pour compliquer encore la chose ! – parfois obligées d'adopter des discours concurrents. Ensuite, parce qu'elle opère sur un secteur en pleine mutation, confronté à l'un des grands défis économiques de ce début de siècle : la conciliation de problématiques purement industrielles avec des exigences de service sans cesse accrues – une conciliation qui va naturellement de pair avec celle des logiques de communication propres à ces deux sphères, autrefois nettement séparées. Enfin, parce que, dans son champ d'intervention, les relations presse jouent un rôle particulièrement sensible et décisif : une conséquence non seulement de l'importance de la communication financière pour une entreprise internationale comme PSA, mais aussi et surtout du poids de la presse automobile en France, prescripteur au pouvoir immense (cf. cas présenté en page 196).

Une direction tricéphale

Les activités de chacune des trois directions de la communication du groupe PSA sont clairement réparties : chacune s'est vue adressée par la direction générale une lettre de mission définissant avec précision son « territoire ». Cette distribution des rôles, en fait, se calque sur l'organisation même du groupe pour la fabrication des voitures : PEUGEOT et CITROËN développent leur véhicule à partir d'une plate-forme commune, ils les construisent dans des usines estampillées « groupe », ce qui aboutit à faire partager aux deux marques environ 60 % de leur prix de revient.

Pour la communication, c'est à peu près la même chose. La direction centrale s'occupe d'une sorte de plate-forme commune à toutes les entités du groupe : stratégie, communication financière, industrielle, sociale, technologique, environnementale...

Aux deux autres directions de s'occuper ensuite de la communication « produits » de leurs marques respectives, avec quelques restrictions, cependant. Lorsqu'un thème de prise de parole « produits » peut être utile aux deux marques, c'est la direction centrale qui prend le relais. Ainsi, le groupe communiquera plus volontiers sur le thème de la recherche et du développement, tandis que ses deux marques parleront de leurs innovations respectives.

Deux cents personnes
au service de la communication

Sur les 35 000 salariés du groupe PSA à travers le monde, environ 200 se consacrent à la communication. Outre ses correspondants dans les différentes directions techniques, la direction de la communication du groupe compte une quarantaine de collaborateurs : une vingtaine d'entre eux est chargée des médias, des RP, de la presse interne, du web et de la communication *Corporate*. Une autre équipe d'une dizaine de personnes définit la stratégie et les plans de communication. Enfin, une troisième équipe travaille sur l'identité du groupe, ses chartes graphiques, visuelles, et sonores, assure la gestion de la médiathèque et de l'ensemble des moyens techniques, notamment audiovisuels, nécessaires aux différentes actions de communications.

Les cibles de la direction centrale sont principalement constituées par les médias économiques, techniques et « société », ainsi que par les administrations et les grandes institutions impliquées dans l'industrie et les enjeux de la mobilité. À noter, toutefois, que la communication d'influence et le lobbying échappent à son périmètre : elle est confiée à une entité spécifique – la direction des relations extérieures.

Les actions en direction du grand public sont plutôt du ressort des directions de marque, aux missions très variées. Outre les relations presse et la communication interne, leurs équipes s'occupent de la médiatisation des événements et manifestations de leur marque (le partenariat de PEUGEOT avec le tournoi de Roland-Garros, par exemple), assurent la gestion du vaste parc automobile mis à la disposition des journalistes pour leurs bancs d'essai, et alimentent en permanence la banque de données multimédia de leur marque.

Des actions à très long terme

Particularité de la communication dans le secteur automobile : compte tenu de la durée de vie d'une voiture et des années nécessaires au développement d'un nouveau modèle, les missions peuvent s'étaler sur le très long terme. Ainsi, en 2004, les chargés de communication de PSA sont déjà en train de préparer les lancements de véhicules de l'année… 2009 !

Pour garantir la cohérence de ces projets d'envergure, les trois directions du groupe se réunissent tous les deux à trois mois lors de « comités de communication », en présence du PDG.

À noter : aucun lien hiérarchique n'existe entre la direction « groupe » et les directions de marque. En fait, la direction centrale se tient même plutôt au service des marques. Le but ultime de la communication, en effet, n'est pas de « vendre » son groupe, mais bel et bien d'aider celui-ci à vendre ses voitures…

En cas de crise…

En cas de crise médiatique touchant l'une des entités du groupe, les « territoires » de chaque direction de la communication sont, en théorie, respectés. Dans la pratique, les trois équipes ont plutôt tendance à coopérer étroitement. En effet, la cause de la crise peut être liée à un élément commun aux deux marques, et il faut dans tous les cas essayer de circonscrire le problème : éviter qu'il ne contamine l'autre marque ou bien le groupe entier, pénalisant son cours de Bourse…

La communication Produit où se mêle le *Corporate* : le cas Lux-Savane, ou comment la Fée Électricité vint enchanter une campagne de presse

Un astronome est capable de patienter des dizaines d'années et de parcourir des milliers de kilomètres pour bénéficier de la configuration astrale exceptionnelle qui lui permettra d'observer une éclipse, une comète ou une supernova. Très brefs, ces instants sont pourtant d'une richesse telle qu'ils peuvent nourrir aisément les activités d'un chercheur durant toute sa carrière...

Il en va pratiquement de même avec les relations presse. Très rares sont les occasions de communication où tous les éléments se combinent pour assurer d'emblée le succès d'une campagne : un sujet (produit, marque, service...) nouveau et original, propice à un discours de qualité, des messages bien construits, des cibles intéressées et une parfaite maîtrise du temps, où chaque action est placée de la meilleure des façons au meilleur des moments.

Cette conjonction d'éléments exceptionnelle est le rêve de tout professionnel des relations presse. Le défi qu'elle propose est toujours passionnant, enthousiasmant et gratifiant, mais même les praticiens du métier les plus estimés ne rencontrent cette situation que deux ou trois fois durant toute leur carrière. La médiatisation de la gamme d'interrupteurs Savane de LUX, lors de son lancement, appartient à cette famille particulièrement restreinte des campagnes heureuses. Mais attention : « heureuses » ne signifie pas forcément plus simples ni cousues d'un fil plus blanc, au départ, que d'autres opérations.

Un défi : conquérir de nouvelles cibles

Entreprise française, LUX est le numéro un mondial de l'appareillage électrique – un géant qui fabrique toutes sortes de matériels à usages domestique, professionnel et industriel. Fin 1996, la marque commence à préparer une grande campagne de communication pour accompagner la commercialisation de ses nouveaux interrupteurs Savane, avec lesquels elle espère opérer une véritable révolution dans l'aménagement de la maison.

Profondément innovants, ces produits offrent trois terrains de prise de parole : la technologie, parce que leur développement a conduit LUX à déposer de nombreux brevets ; le service, parce qu'ils proposent des fonctions alors uniques au monde[1] pour améliorer simplement la vie quotidienne ; le design, parce qu'ils ont été dessinés par les bureaux de style de Bertone – designer italien célèbre, notamment, pour avoir créé les lignes d'automobiles de légende comme la Lamborghini Countach et la Citroën XM.

Contrairement aux apparences, cette richesse des discours possibles est loin d'être un avantage pour les relations presse : elle accroît de façon exponentielle le risque d'encombrer les médias visés avec un trop grand nombre de messages. À cette première difficulté s'en ajoute une seconde, liée à la volonté de la marque de communiquer en direction de cibles plus larges que ses cibles traditionnelles, à savoir la presse professionnelle de l'électricité. LUX a en effet retenu trois objectifs au départ de cette campagne :

* accroître la notoriété et la visibilité de sa marque ;

---

1. Pictogrammes lumineux, télécommandes, détecteurs de présence, de gaz ou d'inondation, diffuseurs sonores...

- faire évoluer la façon dont le public perçoit l'interrupteur et l'imposer comme un objet de décoration et de confort à part entière ;

- conquérir de manière privilégiée la presse féminine et la presse architecture. LUX veut transformer les architectes en prescripteurs et les femmes en clientes de ses produits réputés, à l'époque, très masculins, comme tout ce qui appartient à l'univers de la technique et du bricolage.

Enrichir, puis élargir la communication traditionnelle

En décembre 1996, la première phase de la campagne est mise en place à l'occasion du rendez-vous professionnel majeur que constitue pour LUX le salon ELEC. Un dossier de presse est constitué, mais ce n'est qu'une première écriture. On y trouve une présentation de la marque et de sa nouvelle gamme, avec des informations techniques et des illustrations (chiffres et ektas) – en somme, un modèle de dossier de presse assez classique. En effet, l'événement s'adresse avant tout aux professionnels, un public qu'il aurait été dommageable de négliger au seul motif que l'on cherche à toucher d'autres types de presse. Au contraire, cette communication technique traditionnelle va servir de base à l'enrichissement et à l'élargissement ultérieur du discours vers d'autres thèmes, d'autres enjeux.

Dès ce salon ELEC 1996, toutefois, le ton de la campagne est donné. Le dossier de presse annonce : « *Un événement dans l'Habitat : Savane, les interrupteurs ont des idées* », une signature qui introduit sans rupture les futurs développements de la campagne au-delà des cibles traditionnelles que sont, par exemple, *L'entrepreneur confort*, *L'installateur* et la bible du secteur : *Le journal de l'équipement électrique et électronique* (J3E).

Tout au long des mois de décembre et janvier, une équipe de rédacteurs est mobilisée pour donner un coup d'accélérateur à la médiatisation de la gamme Savane. En collaboration avec les responsables du marketing et de la communication de la marque, ils mettent au point une matrice argumentaire recensant de façon exhaustive tous les thèmes porteurs du produit et les déclinant en fonction de leur pertinence pour chaque type de cible : presse économique, presse mode, presse décoration, presse communication, presse enfant, presse régionale et locale…

Cette approche originale et innovante de l'élaboration des messages se révèle d'une efficacité autrement plus redoutable que la pratique habituelle, qui consiste à inonder sans discernement trois cents rédactions avec un même communiqué dont la forme terne est généralement en harmonie avec la fadeur du contenu.

Quarante communiqués pour 40 cibles

Pour la campagne de presse Savane, LUX décide de créer des passerelles reliant les diverses spécificités de ses produits à une actualité ou à un centre d'intérêt médiatique particulier. Une quarantaine de cibles majeures sont ainsi identifiées et se voient adresser un communiqué de presse conçu « sur mesure », à partir de la matrice argumentaire, avec chaque fois une accroche, un angle et un contenu spécifiques. Très travaillée, cette communication se déploie tous azimuts, profite de toutes les occasions qui se présentent. Ainsi, la presse électricité et technique reçoit un bilan du salon ELEC 1996, tandis que l'attention de la presse quotidienne et régionale est captée par un communiqué sur la mise en place d'un numéro vert permettant d'obtenir gratuitement des astuces et des « idées électricité » pour la maison. LUX reçoit le Janus 1997 décerné par l'Institut Français du Design ? Un communiqué est aussitôt adressé à la presse architecture et design. La campagne de publicité, lancée parallèlement aux relations presse, est un succès ? Les grands titres de la presse communication en sont immédiatement avertis par un autre communiqué. La gamme Savane propose, pour un même mécanisme, vingt-deux décors ? Voilà de quoi intéresser la presse décoration. Ses nouvelles fonctions simplifient les branchements bureautiques ? La presse informatique voudra en savoir plus. La sécurité des enfants est renforcée ? La presse féminine et la presse magazine généraliste relaieront l'information. Les interrupteurs brillent dans l'obscurité, fonctionnent sans faire de bruit, se déclinent avec variateur, télécommande, programmateur ou bien encore détecteur de présence ? Chaque fonction fait l'objet d'une communication à part en direction de la presse maison et art de vivre.

Cette multiplicité des messages, judicieusement ciblés, porte ses fruits, et le nom de Savane envahit rapidement les journaux. Cette réussite démontre qu'en matière de relations presse, il faut faire preuve d'intelligence pour arriver à proposer une mise en situation de l'information assez astucieuse afin de séduire des médias *a priori* hors de portée.

Mais ce dispositif de communiqués sur mesure pour les journalistes ne suffit pas. La campagne a encore besoin de prendre de l'ampleur. Pour que Lux réussisse la « révolution de l'interrupteur » que la marque cherche à opérer, il faut doter sa communication d'une dimension supplémentaire qui lui permettra d'informer les architectes, tout en étonnant les journalistes et en surprenant les décorateurs et les designers. C'est avec la publication d'un livre que cet objectif sera atteint.

Culture et littérature au service de l'entreprise

Avant même la mise en route opérationnelle de la campagne de relations presse, des contacts sont pris avec une trentaine de grands noms de la littérature afin de leur commander des récits sur le thème des nouvelles fonctions de l'électricité et de la lumière électrique. Plusieurs semaines de discussions et de négociations acharnées sont nécessaires pour arriver à convaincre, finalement, dix écrivains réputés de participer à cet ouvrage collectif qui, s'il doit venir appuyer la communication de la marque Lux, n'est en aucun cas un support publicitaire ou commercial. Cette initiative représente une passerelle comme il en existe très peu entre le monde de lettres et celui de l'entreprise. Dès le début, l'engagement est pris avec les auteurs de ne modifier aucune ligne de leur texte : la liberté de leur plume et leur imagination font au contraire toute la valeur du livre. Un « dossier de l'écrivain » est remis à chacun des participants, qui leur présente en quelques lignes l'entreprise Lux, les nouveaux enjeux de l'électricité et les différents thèmes qui sont soumis à leur créativité. Ils y trouvent également – cela a son importance pour entretenir de bonnes relations avec les artistes – des informations concrètes et les réponses aux questions qu'ils pourraient se poser : projet de maquette du livre, longueur du texte demandé, modalités de leur rémunération...

Début 1997, les éditions Stock font paraître *Des plumes au courant*, avec le soutien de la société Lux. Cet ouvrage de grand format est un magnifique hommage à la Fée Électricité et à la façon dont elle imprègne nos vies et notre quotidien. Son sommaire s'enorgueillit de signatures prestigieuses : une préface de Marcel Jullian, huit nouvelles de Tahar Ben Jelloun, Frédéric Fajardie, Irène Frain, Olivier Frébourg, Marc Lambron, Amélie

Nothomb, Yann Queffélec et Denis Tillinac, ainsi qu'une chronique de la journaliste Yolaine de la Bigne sur le designer Bertone.

Une conférence de presse qui suscite l'enthousiasme et s'ouvre à tous les médias : en février 1997, le livre est mis en vente dans les FNAC et distribué par LUX à une sélection de VIP : la campagne de relations presse Savane approche de son point culminant. Celui-ci n'est véritablement atteint qu'avec l'organisation d'une grande conférence de presse, destinée à achever la conquête de la presse féminine et architecturale par LUX et sa gamme Savane.

La préparation de ce rendez-vous hautement stratégique ne souffre aucune improvisation – même sur le plan logistique, qui demande aux professionnels des relations presse une rigueur et une minutie à laquelle ils sont souvent peu habitués. Une check-list exhaustive de toutes les tâches à accomplir (de la réservation de la salle jusqu'à la conception des badges) est plus que recommandée pour ne rien oublier : le diable se cache toujours dans les détails. Dans ce cas précis, il est soudainement apparu, quelques jours seulement avant la conférence, que les camions chargés de livrer le matériel nécessaire à l'événement ne pouvaient accéder à la salle retenue. Il a fallu trouver dans l'urgence une solution logistique alternative. Si les organisateurs ne s'étaient pas réservés dans leur planning une marge de manœuvre suffisante pour rectifier le tir, la catastrophe était assurée : il aurait fallu annuler la conférence et subir non seulement une perte financière, en raison des frais importants déjà engagés, mais en plus une perte de crédibilité auprès des journalistes qui avaient déjà confirmé leur présence.

Sur le fond, la conférence de presse est conçue pour surprendre les journalistes invités, et leur démontrer que l'univers Savane dépasse largement celui des installateurs électriques. Cette volonté se traduit d'abord par le choix d'un lieu inhabituel pour une conférence de presse « produits ». Puisque l'objectif est de séduire les journalistes de la presse féminine, le rendez-vous se tient dans un des temples parisiens de la mode, où sont habituellement organisés des défilés de haute couture : c'est une motivation supplémentaire pour des journalistes qui ne portent *a priori* qu'un faible intérêt aux interrupteurs.

Privilégier la qualité des débats

Ensuite, le choix des participants est effectué de façon à laisser les invités présager d'une haute qualité du débat et des échanges : les journalistes ont besoin de matière pour leurs articles, ils n'aiment pas se déplacer pour entendre des gens parler pour ne rien dire. Le programme qui leur est envoyé annonce, en plus des interventions de l'équipe marketing-communication de Lux et des représentants de l'agence conceptrice de la campagne de publicité, la présence de Marcel Jullian, qui vient parler du livre *Des plumes au courant*, et de Marie-Claude Sicard, éminente sociologue qui a bien voulu se prêter à un exercice de réflexion sur « L'imaginaire de l'électricité ».

Le succès de la conférence dépasse toutes les espérances de ses organisateurs. Le cadre accueillant, la qualité des intervenants, l'originalité et la pertinence des sujets abordés, que ce soit le livre, l'étude sociologique ou les produits de la gamme Savane, piquent la curiosité et retiennent l'attention de la quarantaine de journalistes présents qui, pour certains, se montrent même enthousiastes. C'est une preuve supplémentaire, s'il en était besoin, que les journalistes savent se montrer réceptifs et apprécier le discours des entreprises lorsque leur communication est claire et exempte de toute langue de bois. Les conférences de presse font encore bien trop souvent bâiller d'ennui les journalistes...

Enfin, afin d'obtenir le plus de retombées possibles dans les médias, chaque invité repart de la conférence avec un « kit presse » LUX complet, sous la forme d'une mallette joliment désignée, contenant une deuxième écriture du dossier de presse, enrichi par rapport au salon ELEC 1996, une foule d'ektas, un résumé de l'étude de Marie-Claude Sicard et quelques *goodies*, comme une cravate à roses rouges – signature de la campagne Savane et clin d'œil supplémentaire de LUX à l'univers de la mode.

Le suivi : la phase la plus importante de la campagne

Après ce point d'orgue en février 1997, la campagne de relations presse Savane est loin d'être terminée. C'est même sa phase la plus longue et la plus déterminante qui commence alors. Après avoir créé l'événement et suscité l'intérêt, il faut maintenant assurer le suivi proprement dit des relations avec les journalistes, en travaillant d'arrache-pied pour les relancer, répondre à leurs questions ou demandes d'informations complémentaires, et organiser des rencontres personnalisées, tantôt avec les porte-parole de la marque, tantôt avec Marie-Claude Sicard et les auteurs du livre.

Ce travail de fond durera pendant un an, et sans lui la campagne n'aurait sans doute pas eu tout l'écho qu'elle méritait et des retombées aussi nombreuses dans une presse variée : *Biba, Maison Française,* France 2, France Inter, *Bonne Soirée, Archi Créé, Notre Temps, Femme Actuelle, L'Express, Le Point, Le Figaro, Côté Sud...* Cette part du travail est sans doute la plus laborieuse et la moins gratifiante pour les chargés de communication, qui sont alors plus que jamais le nez plongé dans leurs fichiers, l'oreille pendue au téléphone et la souris pointée en permanence sur la boîte mail. Mais c'est pourtant là que tout leur savoir-faire relationnel et leur rigueur prennent toute leur importance : passés les coups d'éclats, l'impact d'une campagne se juge dans la durée, dans la capacité du professionnel à retenir dans le temps l'intérêt du journaliste.

Épilogue

La campagne de relations presse pour les interrupteurs Savane de la marque LUX est une réussite, son bilan est particulièrement positif : tous les objectifs fixés au départ ont été atteints. Entre la fin 1996 et le printemps 1998, plus de 400 retombées médiatiques auront été enregistrées, sur tous les supports (PQN, PQR, radio et télévision), en direction de tous les médias (professionnels, spécialisés et généralistes) et dans le respect des priorités initiales : la conquête des cibles féminines et des architectes.

Sur le plan de la méthode, le cas est exemplaire : il illustre à la perfection l'efficacité d'une gestion des relations presse qui sait travailler avec rigueur l'information, la marier avec une mise en scène séduisante sans la dénaturer, et gérer avec maîtrise et astuce le calendrier de façon à produire l'effet maximum en un minimum de temps.

Pour l'anecdote, reconnaissons enfin qu'il est particulièrement passionnant pour un professionnel de relations presse d'arriver à changer une image de marque par l'adoption d'un discours inédit et surprenant. Pour un spécialiste de la médiation, il n'est rien de plus gratifiant que de parvenir à rapprocher des mondes, des univers culturels et économiques que tout sépare. Qui pouvait imaginer qu'Irène Frain trouverait plaisir et intérêt à confier ses réflexions sur l'électricité dans une interview au fameux *J3E* ? Ce qui semble incongru se révèle souvent très enrichissant : la raison d'être du métier des RP et sa noblesse, c'est aussi de chercher sans cesse à en faire la démonstration.

La communication « immatérielle » : le cas LANGUES SA

Lorsqu'une entreprise fabrique des biens « concrets », la communication a cela de simple qu'elle peut s'appuyer sur des produits physiques, donc présentables. Une bonne description, une photo, voire une démonstration, facilitent alors le travail de communication auprès de la presse et l'identification immédiate du produit et de ses nouveautés par le grand public. Seul demeure le risque de sombrer dans l'écueil publicitaire, et d'oublier la nécessaire objectivité dont doivent faire preuve les messages émis par les relations presse.

À l'inverse, lorsque l'entreprise travaille dans les services et qu'elle propose des produits immatériels, le travail est plus délicat puisque l'image ne peut servir de point d'appui à l'explication dudit service. Médiatiser l'annonceur et ses savoir-faire relève alors d'un art plus délicat, fondé sur une parfaite argumentation des messages et une stratégie de communication reposant sur des événements et des actions détournées. C'est ce qui a pu être fait pour la société LANGUES SA, spécialisée dans l'apprentissage des langues étrangères.

S'inscrire sur la durée et élargir son périmètre de communication

Lors d'une première phase de campagne de presse – l'année 1 –, la campagne de relations presse s'était concentrée sur l'identité de l'entreprise auprès des journaux spécialisés directement susceptibles d'être intéressés par LANGUES SA. Les retours avaient été bons, et il s'agissait, pour l'année 2, d'inscrire la communication de LANGUES SA sur la durée, de communiquer sur ses services et, pour ce faire, de sortir l'entreprise de son cadre traditionnel de prise de parole : s'inscrire durablement dans les médias alors que son cœur d'activité est un service, celui de l'apprentissage des langues, par nature immatériel et peu porté sur la nouveauté et l'innovation, suppose de trouver des thèmes de communication originaux, capables de faire parler de l'entreprise en l'absence de forte actualité de sa part ! Les objectifs assignés pour l'année 2 étaient donc été les suivants :

- confirmer ce qui caractérise et qualifie LANGUES SA ;
- faire connaître tout le réseau des franchisés (LANGUES SA fonctionne sous la forme d'un réseau de franchisés) ;
- conforter et élargir la notoriété sur les supports où LANGUES SA est déjà reconnu ;
- conquérir une notoriété sur des supports inhabituels pour LANGUES SA (presse économique, audiovisuelle...) ;
- construire un réseau d'alliés auprès des journalistes des différentes cibles, élargir et rendre réguliers les contacts.

S'appuyer sur les événements

Pour parvenir à ces objectifs, les moyens mis en œuvre étaient, bien sûr, la mise sur pied d'une campagne de relations presse accompagnée de la diffusion de communiqués et de notes de presse sur l'entreprise et ses acteurs, ses savoir-faire, ses résultats, ses succès, sa méthode d'accompagnement personnalisé... Les porte-parole institutionnels de l'entreprise étaient mis à contribution, ainsi que ceux issus du réseau des franchisés – ce qui était une nouveauté par rapport à l'année 1.

Mais la volonté étant d'accroître la notoriété de LANGUES SA et de le faire sortir de son cadre initial et limité de communication, d'autres actions ont été décidées, comme de développer les partenariats, d'apparaître dans toutes les manifestations existantes et de développer les « événements ». Une cartographie des thèmes et occasions de prises de parole a été dressée en ce sens :

* Étude Satisfaction Clientèle
  Étude Notoriété Image Été 2002
* Réunion avec le comité Marketing 24 octobre
* Réunion
  avec l'ensemble des franchisés mi-novembre
* Rachat par BABEL GROUP fin 2002-2003
* Nomination
  d'un *National Service Manager* début 2003
* Convention nationale début 2003
* Expolangues janvier-février 2003
* Nouveau produit février 2003
* Salon de la Franchise mars 2003
* Nouvelle publicité 2003
* Campagne d'affichage dans les gares 2003
* Nouveau produit fin 2003
* Nomination d'un directeur marketing 2003-2004
* Autres nominations ?

Être adulte

Concernant la stratégie des messages, outre l'identité traduite dans le dossier de presse de la première année (toujours d'actualité pour la deuxième) et la vie régulière de l'entreprise véhiculée par des communiqués et des notes de presse, les préconisations se fondaient sur la réalisation d'une note de synthèse de deux études menées par LANGUES SA sur la satisfaction de ses clients et ses *process* de travail : les résumer permettait de mettre en valeur les chiffres significatifs et les atouts de l'entreprise, tout en soulignant ses améliorations et ses nouvelles orientations. Objectif : capitaliser sur les excellents retours des clients de LANGUES SA, tout en insistant sur la recherche constante d'amélioration de sa qualité afin d'apparaître comme une société, certes connue et reconnue, mais aussi adulte, sachant informer sur ses manques et les améliorations qu'elle envisage y porter.

En sus, d'autres thèmes de messages avaient été prévus, comme :

- l'arrivée d'un nouveau produit (*Best Langues*), en le reliant au salon Expolangues afin de confirmer la position de leadership de LANGUES SA en matière d'apprentissage des langues ;
- la nouvelle campagne de publicité, pour cibler la presse communication, mais aussi rappeler la philosophie de LANGUES SA, ses qualités et ses nouvelles orientations ;
- le projet Community, méthode d'apprentissage des langues en ligne, pour conquérir la presse Internet et les journalistes liés aux nouvelles technologies.

Développer les thèmes de communication et de prises de parole

En sus de ces actions « classiques » de médiatisation, plusieurs idées ont été proposées, comme celle de conclure un partenariat avec le magazine *TGV*, pour partie rédigé en anglais et dont la traduction aurait pu être offerte par LANGUES SA en échange d'une signature ou d'une citation en fin de dossier. La participation active aux salons de la Franchise et Expolangues, ou à tout autre salon consacré aux langues ou à la formation, constituait aussi un bon moyen pour élargir la présence médiatique de LANGUES SA. Enfin, étaient également envisagés le salon des Entrepreneurs et les forums des grandes écoles pour toucher les étudiants.

L'un des meilleurs leviers pour amplifier la communication autour de LANGUES SA reposait toutefois sur la participation à la Cité de la Réussite, en s'appropriant le thème de l'apprentissage. Une telle manifestation était l'occasion d'apparaître comme une entreprise citoyenne et de réflexion, puisque la Cité de la Réussite constitue un carrefour de réflexions et de débats sur des grands thèmes de société, entre des intervenants de toutes nationalités et de tous horizons. Sa propre médiatisation – partenariat avec *Le Point*, *Les Échos*, *L'International Herald Tribune*, France Info, France Inter, France Culture, BBC Word, France Télévisions, campagne d'affichage 4 X 3 – permettait de développer par ricochet l'image de LANGUES SA auprès du grand public grâce au plan médias de la Cité de la Réussite, des participants à l'événement, ou des internautes visitant le site de la manifestation. Sans oublier les retombées positives d'une participation à un tel événement auprès des propres partenaires de LANGUES SA.

Enfin, outre les manifestations externes, rien n'interdisait à LANGUES SA de créer ses propres événements en interne, par exemple par le biais d'une bourse (une formation gratuite pour un étudiant méritant), d'un voyage de presse aux États-Unis (pour découvrir le « laboratoire » de LANGUES SA, initialement développé aux USA) ou d'un concours entre les franchisés. Soit un ensemble d'actions permettant de s'inscrire dans la durée, en s'appuyant sur l'actualité existante pour accroître sa notoriété, ou en créant l'événement lorsque l'actualité était insuffisante !

La communication financière : les cas LAFARGE-BLUE CIRCLE et BNP-PARIBAS

Le cas LAFARGE-BLUE CIRCLE

La Bourse fait montre d'une extrême réactivité à l'information. Analystes et investisseurs sont à l'affût du moindre indice permettant de prédire les tendances du marché. Une dépêche, un article sur une entreprise ou l'interview d'un de ses porte-parole peuvent avoir des répercussions immédiates sur le cours de son action – et ce peut être la flambée comme la dégringolade instantanée…

On raconte qu'un jour, juste avant une conférence de presse, un journaliste saluant le président de la banque centrale des États-Unis lui demanda amicalement : « Comment allez-vous ? » « Je n'ai pas le droit de vous le dire », répondit Alan Greenspan, grand manitou de l'économie mondiale dont un simple battement de paupière peut faire plonger le Dow Jones…

L'authenticité de cette anecdote est sans doute à vérifier, mais elle a au moins le mérite d'illustrer l'incroyable poids des mots dans la communication financière. D'où la nécessité pour ses acteurs de les peser minutieusement. Dans ce domaine plus que dans d'autres, les faits ne suffisent pas : les entreprises doivent y déployer une habileté et un sang-froid à toute épreuve dans leurs rapports avec les médias.

Un bon exemple de cette complexité est fourni par le cas du groupe LAFARGE, numéro un mondial des matériaux de construction, lorsque celui-ci tenta de racheter le cimentier britannique BLUE CIRCLE INDUSTRIES. Dans cette histoire, la direction de la communication de l'industriel français a réussi à se sortir d'une situation de prime abord inextricable et, mieux, à transformer ce qui avait été un échec pour son groupe en une réussite médiatique.

Tout commence le 1er février 2000 : LAFARGE annonce le lancement d'une offre publique d'achat (OPA) hostile sur BLUE CIRCLE pour un montant de 5,7 milliards d'euros. La direction de la communication est étroitement associée à cette opération, dont les conséquences sont capitales pour le groupe. Si l'OPA réussit, non seulement LAFARGE raflera à son principal concurrent le rang de numéro un mondial du ciment, mais, en plus, fera faire un bond à son développement international et se mettra en position de créer des synergies susceptibles d'accroître fortement ses résultats à venir. Les deux sociétés, en effet, présentent une remarquable complémentarité géographique au plan mondial. En termes d'image, les retombées d'une telle fusion seraient très importantes.

Au départ, le *timing* de l'opération semble idéal. Au mois d'octobre précédent, BLUE CIRCLE a émis un profit *warning* qui a sensiblement fait chuter le cours de son action, tandis que l'engouement des marchés pour les nouvelles technologies contribue à maintenir ce dernier à un faible niveau.

Seul problème : la conjoncture aime parfois jouer avec les stratégies financières trop bien pensées… Moins d'un mois après le lancement de l'OPA, survient le krach des *dot com* : la bulle spéculative formée autour des valeurs des nouvelles technologies éclate et le NASDAQ s'effondre. Fuyant les *start-ups* dévoreuses de capitaux, les investisseurs se retournent vers des valeurs jugées plus sûres. Les matériaux de construction, avec leurs entreprises solides – et bénéficiaires ! – deviennent un secteur refuge. La cote des cimentiers grimpe en flèche : les dirigeants de BLUE CIRCLE résistent aux assauts de LAFARGE et parviennent à convaincre leurs actionnaires de ne pas accepter une offre désormais trop basse.

En mai, l'industriel français n'a récolté que 20 % des actions de BLUE CIRCLE, et doit provisoirement renoncer à sa tentative de prise de contrôle. L'échec est rude, et ses conséquences sévères tant pour le cours de l'action de LAFARGE que pour son image. L'équipe de management, qui a vu ses craintes se réaliser dans les derniers jours, avait toutefois préparé, en même temps qu'un scénario de victoire, un scénario de défaite : un quart d'heure après l'annonce de l'échec, LAFARGE publie un communiqué, aussitôt repris par les dépêches de toutes les agences de presse. Cette OPA manquée est le premier revers important pour LAFARGE, qui affiche par ailleurs de bons résultats et une forte croissance. Quelques années auparavant, le groupe avait même brillamment réussi une OPA sur le géant de la toiture REDLAND – une fusion saluée par la presse pour sa rapidité et son efficacité.

Le groupe entre alors dans une période de silence forcé. En effet, un certain nombre d'incertitudes s'installent quant au devenir des 20 % de BLUE CIRCLE que le groupe détient, tandis qu'investisseurs et médias s'impatientent et aimeraient bien en savoir plus sur les intentions de LAFARGE. Le groupe doit se décider entre vendre ses parts ou proposer une nouvelle offre, ce que la réglementation britannique lui interdit avant un délai d'un an, sauf accord entre les deux parties.

La direction de la communication fait face à un terrible dilemme, que seuls de la finesse, du tact et une longue expérience de la presse peuvent résoudre. Un jeu de « non-réponse » permanent s'installe avec les journalistes – l'essentiel est de gagner du temps : ne pas mentir en disant que LAFARGE va se retirer totalement, mais ne pas non plus insinuer le contraire. Cela risquerait de faire s'envoler le cours de Blue Circle et de rendre une nouvelle offre impossible, contrariant ainsi les véritables intentions du groupe.

L'opération fait grand bruit dans les médias. La direction de la communication de Lafarge va pourtant se servir de ce qui semblait un échec, à l'époque, comme base pour une campagne positive de relations presse. Elle peut présenter son PDG Bertrand Collomb comme un manager responsable, capable de résister à la tentation d'une surenchère dans l'intérêt de ses actionnaires. Une stratégie payante, comparée à la déraison dans laquelle ont plongé certains présidents avec la « Net économie »... La crise ne trouve son issue qu'au bout de huit mois. Fin 2000, la conjoncture redevient favorable et, surtout, Blue Circle finit par capituler sous la pression conjointe de Lafarge et des engagements que l'entreprise a dû prendre pour résister à l'OPA, mais qu'elle ne parvient pas à tenir. Le cimentier britannique n'a très vite plus d'autre choix que de recommander à ses actionnaires une nouvelle offre de Lafarge. Le 8 janvier 2001, Bertrand Collomb peut annoncer l'acquisition de l'intégralité de Blue Circle Industries pour un montant de 3,8 milliards d'euros. Avec le recul, il apparaît que le numéro un mondial des matériaux de construction a fait preuve de sagesse au milieu de la panique boursière, et a défendu les intérêts de ses actionnaires en se gardant d'acheter Blue Circle à n'importe quel prix.

Ce qui est apparu tout d'abord comme un échec s'est révélé ensuite une réussite stratégique : il était enfin possible de le faire savoir aux journalistes...

Épilogue. Cette histoire à rebonds a contribué à renforcer l'image de stratège habile du président Bertrand Collomb, et à faire de Lafarge une valeur sûre, dotée d'un management compétent. Le titre a rattrapé son retard et est vite redevenu une des valeurs phares du CAC 40. C'est la preuve qu'un opportunisme intelligent ne peut être mis en scène que par des professionnels de la communication, sachant s'adapter et définir leur stratégie au fur et à mesure, en fonction des événements.

Le cas BNP-PARIBAS-SOCIÉTÉ GÉNÉRALE : une guerre à trois a bien eu lieu…

L'année 1999 restera gravée dans les annales de l'histoire financière. Pendant six mois, trois des plus importantes banques françaises se sont livrées une lutte sans merci, mélangeant fusion amicale et rachat hostile. Cette gigantesque bataille boursière a surpris les observateurs du monde entier : personne ne s'attendait à ce que le capitalisme français, réputé si tranquille, habitué à régler ses querelles dans le calme, soit atteint par une si furieuse crise ! Sur les marchés internationaux, il était déjà arrivé que des géants de la finance s'affrontent en duel avec pour choix d'armes, bien souvent, l'OPA ou l'OPE. Rarissimes, cependant, sont les cas où trois entreprises se retrouvent impliquées en même temps dans une crise de cette nature. C'est ce qui fait de l'épopée BNP-PARIBAS-SOCIÉTÉ GÉNÉRALE un cas à part, aussi exemplaire que complexe.

- *La communication en première ligne*

Bien que le nœud du problème qui a opposé les trois banques soit purement une affaire de financiers et d'actionnaires, les médias ont joué un rôle majeur pendant toute la durée de la crise. Les déchirements du secteur bancaire français ont défrayé la chronique et occupé la une de tous les journaux pendant six mois, en France comme à l'étranger. C'est un fait : la presse a été l'un des principaux théâtres de l'affrontement, où les protagonistes se sont relayés en permanence – tantôt pour argumenter sur les projets en compétition, tantôt pour essayer de convaincre les actionnaires, tantôt pour chercher à « intoxiquer » l'adversaire ou, au contraire, répondre à ses attaques. En remettant leur sort entre les mains du marché, la BNP, PARIBAS et la SOCIÉTÉ GÉNÉRALE ont déplacé le conflit sur le terrain de l'opinion et de l'information. Cette approche a fait instantanément peser de très lourdes responsabilités sur leurs directions de la communication respectives, qui dès lors n'ont plus connu une seule minute de répit et ont dû faire preuve d'une mobilisation sans faille.

• *Manger pour ne pas être mangé…*

Tout commence en février 1999. Les marchés financiers sont alors en pleine vague de fusions-acquisitions, l'heure est aux rapprochements spectaculaires, à la construction de groupes d'envergure mondiale : *big is beautiful* ! La France n'échappe pas à la tendance : la perspective du passage à l'euro malmène sérieusement les traditions plutôt rigides et individualistes des établissements bancaires, tandis que la volonté de l'État de se désengager du capital du CRÉDIT LYONNAIS réveille certains appétits. Encouragés par les analystes, les grands présidents de banque envisagent depuis quelque temps comme une nécessité stratégique les acquisitions ou les alliances. Alors que le secteur bancaire mondial est en pleine restructuration, ils n'ont guère le choix : il leur faut « manger » pour ne pas être « mangés ».

C'est dans ce contexte que, le 1er février 1999, la SOCIÉTÉ GÉNÉRALE et PARIBAS annoncent leur union par consentement mutuel. Pendant tout le mois de janvier, une équipe restreinte composée d'une vingtaine de personnes issues des deux banques a travaillé d'arrache-pied et dans le plus grand secret à ce rapprochement, qui doit être officialisé et rendu effectif très rapidement, le 6 avril 1999. Lors de cette annonce, analystes et journalistes sont quasi unanimes et saluent l'initiative comme un « joli coup » : l'opération de 15,1 milliards d'euros placerait la nouvelle entité au quatrième rang mondial.

Mais alors que tout semble aller pour le mieux dans le meilleur des mondes, ce mariage ne fait pas que des heureux. La BNP, en particulier, emmenée par son président Michel Pébereau, voit cette opération d'un très mauvais œil. PARIBAS a, il y a peu, décliné sa propre proposition de rapprochement, et les dirigeants du CRÉDIT LYONNAIS viennent de lui refuser l'entrée dans le capital de la banque tout juste privatisée : l'annonce d'une fusion SOCIÉTÉ GÉNÉRALE-PARIBAS lui fait craindre un isolement forcément dangereux à cette époque. À cela s'ajoute une rivalité latente entre Michel Pébereau et Daniel Bouton, président de la SOCIÉTÉ GÉNÉRALE : la réussite du second ne peut que contrarier le premier…

À la mi-février, la BNP semble néanmoins obtenir une sorte de revanche après la série de camouflets qu'elle vient de recevoir : les résultats qu'elle publie pour 1998 sont, d'après le quotidien *Le Monde,* les meilleurs jamais enregistrés en France par une banque non mutualiste. Cela ne suffit pas à satisfaire Michel Pébereau, dont la stratégie est bien plus conquérante.

• *Un coup de tonnerre dans la finance française*

Le 9 mars survient un coup de théâtre, qui a surtout l'effet d'un coup de tonnerre dans le milieu bancaire français : la BNP annonce une double offre publique d'échange, à la fois sur PARIBAS et sur la SOCIÉTÉ GÉNÉRALE. La surprise est totale, pour les marchés autant que pour les médias.

De leur côté, PARIBAS et la SOCIÉTÉ GÉNÉRALE sont sous le choc. Leur processus de rapprochement se déroulait sereinement, et les deux banques n'avaient jamais imaginé un tel cas de figure : difficile de leur en vouloir, une double OPE ne s'était jamais produite dans toute l'histoire de la finance française ! Il leur faut réagir très vite. Leurs conseils d'administration ne tardent pas à se prononcer sur l'offre de la BNP et, naturellement, la rejettent. L'initiative est dès lors considérée comme hostile : la bataille boursière peut commencer entre d'un côté le tandem SOCIÉTÉ GÉNÉRALE-PARIBAS et, de l'autre, la BNP allié à son actionnaire principal, AXA. Le numéro 2 mondial de l'assurance fait d'ailleurs preuve d'un manque de constance dans cette affaire : également actionnaire principal de PARIBAS, il avait approuvé son rapprochement avec la SOCIÉTÉ GÉNÉRALE, avant de changer d'avis un mois plus tard...

Les deux adversaires rassemblent leurs troupes, comptent leurs munitions et montent au front. Ils vont désormais tout faire pour s'attirer la confiance et le soutien des actionnaires des deux banques visées. L'issue du conflit dépend uniquement du choix de ces derniers : consommer la relation initialement prévue entre PARIBAS et la SOCIÉTÉ GÉNÉRALE, ou bien relever le défi du « ménage à trois » lancé par la BNP. Ils se prononceront naturellement en faveur du projet qui leur semblera le plus profitable. Seul problème : aucune des deux parties ne manque d'arguments pertinents pour les convaincre de la supériorité de son projet...

- *Une situation de porte-à-faux :*
  comment courir tout en marchant ?

Pour les équipes de communication de PARIBAS et de la SOCIÉTÉ GÉNÉRALE, la situation est particulièrement délicate. Non seulement leur position, défensive, est beaucoup moins confortable que celle de l'attaquant, mais, en plus, elles se retrouvent subitement en porte-à-faux, obligées de gérer dans l'urgence et sans grand recul deux chantiers de communication majeurs.

Il n'est pas question de revenir en arrière. En attendant l'issue incertaine du défi lancé par la BNP – qu'elles qualifient d'ailleurs publiquement de « raid aventureux », les deux directions de la communication doivent poursuivre leur processus de rapprochement normalement, et travailler sur le nouveau logo commun, la fusion des supports de communication interne, un nouvel organigramme, etc. Mais, dans le même temps, elles doivent faire front commun dans la bataille urgente contre le projet de la BNP. L'axe de communication immédiatement retenu est clair : elles décident de se présenter comme une seule entreprise, déjà constituée et en marche, manière habile de stigmatiser un « agresseur » extérieur déstabilisant délibérément un projet industriel stable, viable et rentable. Bien que logique, cette position est cependant loin d'être facile à tenir. D'abord parce que la SOCIÉTÉ GÉNÉRALE et PARIBAS, en attendant l'officialisation de leur union, ont toujours l'obligation légale de maintenir l'indépendance des deux entreprises. Ensuite, parce que l'échec de leur fusion est redevenu une issue envisageable. Dans cette hypothèse, il leur faut se montrer prudentes et se ménager une porte de sortie en remettant à plus tard le partage de certaines informations stratégiques, qui pourrait se révéler préjudiciable au cas où les deux banques se retrouveraient à nouveau concurrentes sur le marché à l'issue de la crise.

Un pôle de communication dédoublé se met par conséquent en place : d'un côté, une équipe commune prépare la création de la nouvelle entité « SGP » ; de l'autre, deux équipes sont chargées de contrer la BNP, avec l'obligation d'agir séparément tout en se concertant au maximum... Aussi bien chez PARIBAS qu'à la SOCIÉTÉ GÉNÉRALE, chargés de communication et porte-parole ont de quoi passer quelques nuits blanches ! La situation est d'autant plus à s'arracher les cheveux qu'un fossé ne tarde pas à se créer entre ceux qui mènent la bagarre dans les médias, et ceux qui font vivre les deux entreprises au jour le jour. Entre ceux qui doivent « courir » pour gérer la crise, et ceux qui « marchent » pour faire avancer les autres dossiers et s'occuper des clients, la scission est de plus en plus profonde et dépasse le seul cadre de la communication : les directions des ressources humaines sont elles aussi contraintes à quelques délicats grands écarts...

On touche ici à ce qui fut peut-être la principale faiblesse de PARIBAS et de la SOCIÉTÉ GÉNÉRALE dans toute cette affaire : au moment où la communication interne était plus que jamais nécessaire pour informer, rassurer et mobiliser leurs équipes, les deux banques n'ont eu d'autre choix que de donner la priorité à leur communication externe en direction des analystes financiers et des médias pour convaincre leurs actionnariats respectifs de rejeter l'offre de la BNP.

- ### *Incontrôlable surenchère publicitaire*

Pendant que, dans les coulisses, les équipes de communication de chaque camp se démènent pour gérer la crise à leur avantage, les hostilités font rage sur le front médiatique. Télévision, radio, presse écrite et Internet : en quelques semaines, ce sont des milliers de dépêches, d'articles et de reportages qui sont consacrés, sous tous les angles, à l'affrontement entre les trois banques. Les journalistes font feu de tout bois : ils guettent les réactions du marché, interrogent les hommes politiques, recueillent les inquiétudes des syndicats, se ruent sur les « petites phrases » lâchées ici et là par les PDG, couvrent avec passion les réunions de la COB et du Comité des établissements de crédit, suivent dans le détail les manœuvres juridiques alambiquées initiées tour à tour par les deux parties… Les questions en suspens dans les médias se multiplient : la double OPE de la BNP est-elle réglementaire ? Quelle est vraiment la pertinence de la création d'une « très grande banque » franco-française sur le marché commun européen ? Ces tentatives de regroupement ne vont-elles pas se solder par une vague massive de licenciements ?

Le débat est vif, et les deux adversaires s'opposent argument sur argument. Quand Michel Pébereau et Claude Bébéar, le président d'AXA, tentent de décrédibiliser Daniel Bouton en insinuant que ce dernier n'était pas hostile, quelques semaines auparavant, à une alliance avec la BNP, la riposte est immédiate : PARIBAS et la SOCIÉTÉ GÉNÉRALE mettent en avant l'avis prononcé contre la triple fusion par le doyen de l'INSEAD – personnalité respectée, membre du conseil de surveillance de PARIBAS – et, afin de calmer l'ardeur interventionniste de Claude Bébéar, révèlent l'existence d'un pacte entre PARIBAS et AXA, en vertu duquel l'assureur n'a pas le droit de modifier sa participation dans ladite banque sans l'accord de cette dernière.

Un certain découragement commence à se faire sentir : à partir du mois de mai, les deux parties perdent l'espoir d'une résolution rapide de leur différend. Le raid de la BNP a reçu tous les feux verts réglementaires, les pourvois en justice semblent condamnés à l'échec : seule la décision des actionnaires sera déterminante pour l'issue du conflit. Les déchirements du milieu bancaire français entrent alors dans leur phase la plus étrange. La conquête de la faveur des actionnaires justifie à ce moment-là toutes les tentatives de communication – même les plus hasardeuses. Après plus de deux mois de crise, les directions de la communication des protagonistes sont « sur les dents », engagées dans une lutte au couteau – un corps à corps boursier jusqu'alors inédit. Cet engagement maximal et épuisant est peut-être à l'origine d'un certain manque de lucidité. Toujours est-il qu'à cette époque, la BNP autant que la Société Générale alliée à Paribas se lancent dans une véritable surenchère publicitaire. Entre lettres ouvertes et placards de publicité dans les quotidiens nationaux – économiques comme généralistes –, la compétition s'exacerbe. La BNP achète une page dans *La Tribune* pour expliquer sont projet de triple fusion « SBP » ? Qu'à cela ne tienne : le lendemain, le tandem Société Générale-Paribas fait paraître deux pages dans *Les Échos* pour défendre le projet « SGP ». Et ainsi de suite…

Fin avril, les trois banques ont déjà dépensé plus de 15 millions d'euros en publicité. En août, ce montant s'élève à plus de 25 millions d'euros. Évidemment, ni la presse ni les agences de publicité ne rechignent devant cette manne impressionnante, qui relance à point nommé un marché publicitaire dont la tendance est toujours à se considérer comme moribond… Avec le recul, on s'aperçoit que ces dépenses publicitaires se justifient assez peu. Ce sont les analystes et les actionnaires institutionnels qu'il s'agit de gagner à soi. Les actionnaires individuels, principales cibles de la publicité grand public dans la PQN et la presse magazine économique, ne pèsent guère dans le bras de fer en cours. Malheureusement, les deux camps, emportés par la spirale de la concurrence médiatique et pris par le feu de l'action, pensent qu'il leur faut avant tout répondre aux attaques de l'adversaire, qui n'hésite pas à utiliser la publicité comparative pour vanter son projet…

• *Du poids du off dans les relations presse*

C'est en effet sur un autre terrain que se jouent les véritables enjeux de communication de cette crise. Dès le début, chaque camp mobilise son propre réseau de relations publiques et de relations presse. Il est intéressant de noter combien les approches des trois banques diffèrent en la matière.

PARIBAS entretient de longue date de très bonnes relations avec les journalistes. La banque parvient sans mal à sensibiliser rapidement la presse à ses problématiques. La SOCIÉTÉ GÉNÉRALE, quant à elle, a toujours plus ou moins négligé ses relations presse, privilégiant sa communication commerciale et publicitaire : dans les premiers temps de la crise, c'est PARIBAS qui parviendra à mobiliser le plus les relais d'opinion pour défendre leur projet commun. Les explications *off records* jouent leur plein pour faire comprendre aux journalistes la position de refus des deux banques, et faire passer leurs arguments dans les médias.

Dans le camp adverse, la BNP a une approche différente. À l'instar de la SOCIÉTÉ GÉNÉRALE, elle n'a pas particulièrement cultivé ses relations presse. En revanche, elle soigne beaucoup plus ses relations publiques : aux mois de mai et juin, elle multiplie les *roads shows* dans toute la France pour présenter son projet. Michel Pébereau, l'énarque, possède en outre un réseau de relations nettement plus étendu et mobilisable qu'André Lévy-Lang, président de PARIBAS et polytechnicien…

• *PARIBAS… en retraite !*

La crise s'enlise et, malgré tous les efforts de la BANQUE DE FRANCE et de son gouverneur Jean-Claude Trichet, toutes les tentatives de conciliation échouent. Certains observateurs commencent même à craindre que cette lutte entre géants de la banque française ne tourne au suicide collectif. L'engagement de chaque partie est tellement intense que l'on finit par se demander si elles ne vont pas épuiser toutes leurs forces dans la bataille, et se retrouver en position de faiblesse vis-à-vis de leurs concurrents étrangers.

À partir du mois de juin, une sorte de piège imprévu se referme sur PARIBAS. Alors que l'opinion publique est tenue en haleine par ce feuilleton bancaire et que deux camps très nets partagent l'Hexagone entre les tenants de la « SGP » et ceux de la « SBP », la guerre des trois banques se transforme petit à petit en duel entre BNP et SOCIÉTÉ GÉNÉRALE.

Personne n'avait songé à cette évolution des rapports de force, et la direction de la communication de PARIBAS en est la première surprise et prise de court. À l'origine, en effet, les dirigeants de la SOCIÉTÉ GÉNÉRALE et de PARIBAS considéraient leur rapprochement comme une opération entre égaux. Si la fusion qu'ils ont mise au point prévoit l'absorption de PARIBAS par la SOCIÉTÉ GÉNÉRALE, c'est uniquement parce que ce montage financier s'avérait plus profitable pour tout le monde que le montage inverse. Il ne sous-entendait cependant pas une quelconque valorisation inférieure de PARIBAS. Or, cette logique financière ne survit pas au raid de la BNP : du fait du sens retenu pour la fusion initiale, seule la SOCIÉTÉ GÉNÉRALE est juridiquement en mesure de reformuler une offre plus élevée aux actionnaires. Tout le monde se met alors à considérer cette dernière comme le seul véritable élément moteur de l'option « SGP ». Imperceptiblement, PARIBAS passe du statut d'acteur majeur d'une lutte entre trois banques à celui de proie menacée par deux appétits. La direction de la communication de PARIBAS n'a plus qu'à entériner cet état de fait.

• *Impossible recul*

Impossible de faire machine arrière : sa seule certitude, quelle que soit l'issue du conflit, c'est qu'elle perdra sa souveraineté, pour passer dans le giron, soit de la BNP, soit de la SOCIÉTÉ GÉNÉRALE. La surprise que constitue l'issue finale de cette affaire confirme d'ailleurs cette marginalisation de PARIBAS. En juin et juillet, la BNP et la SOCIÉTÉ GÉNÉRALE surenchérissent tour à tour leurs offres aux actionnaires – lesquels sont de moins en moins pressés de choisir entre les deux projets : plus ils tarderont à se décider, plus ils ont de chances de bénéficier d'une offre d'échange de titres plus avantageuse.

• *La poire en deux...*

Finalement, la clôture de l'offre de la BNP est fixée au 6 août 1999. Le dépouillement des ordres passés par les actionnaires prend du temps, et la première partie du dénouement de cette bataille de titans n'est annoncée que le 14 août : c'est une demi-victoire de la BNP, qui obtient plus de 65 % des titres de PARIBAS, mais seulement 37 % de ceux de la SOCIÉTÉ GÉNÉRALE. Il faudra attendre le 27 août pour que le Comité des établissements de crédit, après une réunion historique et interminable, marquée par les auditions solennelles de Michel Pébereau et Daniel Bouton, décide de refuser à la BNP le droit de prendre sa participation dans le capital de la SOCIÉTÉ GÉNÉRALE. Avant cela, le 25 août, tirant les conséquences du choix de ses actionnaires, André Lévy-Lang quitte ses fonctions de PDG de PARIBAS. Dès cette date, la direction de la communication de cette banque perd son autonomie : toutes ses prises de parole sont désormais soumises à l'approbation de ses adversaires victorieux de la BNP.

Début septembre, l'affaire est close pour les trois banques, et les médias ne tardent pas à oublier cet affrontement historique pour s'occuper d'une autre affaire d'ampleur équivalente : le rachat d'ELF par TOTAL FINA…

• **Épilogue**

Les leçons à tirer d'une telle épopée, à la fois boursière et médiatique, sont nombreuses et illustrent parfaitement l'importance que prend désormais la communication dans la finance. La SOCIÉTÉ GÉNÉRALE et la BNP ont toutes les deux remporté une demi-victoire, au détriment de PARIBAS. La BNP a pour cela largement bénéficié de l'unité et de la cohérence de sa communication, tandis que la SOCIÉTÉ GÉNÉRALE a, par le hasard de circonstances favorables, grandement profité de la longue expérience des relations presse de PARIBAS pour tirer son épingle du jeu. La SOCIÉTÉ GÉNÉRALE et PARIBAS ont entamé le combat sans aucun soutien extérieur, avec un mois de retard sur la BNP qui a su recourir dès le début aux conseils d'autres banques et d'experts tant de la finance et du droit que de la communication. Les deux banques avaient cru pouvoir s'occuper de leur fusion comme elles s'occupaient de celles de leurs clients. C'était sans doute une erreur : on ne gagne jamais à être son propre avocat, surtout dans une situation de tension aussi extrême, où la mobilisation était constante dix-huit heures par jour et sept jours sur sept pendant six mois.

Enfin, au-delà de la surenchère publicitaire inutile à laquelle a donné lieu cette crise, le constat final est clair pour les équipes de communication des différents protagonistes. Le match accroché auquel elles se sont livrées s'est terminé par un score « nul » sur le plan médiatique. En effet, ce qui a contribué nettement à faire la différence, c'est l'information et la préparation psychologique des équipes en interne. La BNP avait de longue date préparé son personnel à l'idée d'une alliance avec une autre banque ; la SOCIÉTÉ GÉNÉRALE a réussi à mobiliser ses cadres, largement détenteurs de son capital, pour défendre sa souveraineté ; seule PARIBAS avait maintenu depuis longtemps une culture d'entreprise très « autonomiste » : au plus fort de la crise, ses actionnaires n'ont pas suivi son conseil d'administration et sont allés apporter leurs titres à la BNP. Contrainte à une réaction urgente et dans l'impossibilité de prendre du recul, sa direction de la communication n'a pas eu le temps de préparer la riposte adéquate.

Trois questions à Véronique Guillot-Pelpel

Aujourd'hui directrice de la communication du groupe NEXANS, Véronique Guillot-Pelpel était directrice de la communication de PARIBAS lors de sa fusion mouvementée avec la BNP. Elle a par ailleurs été amenée à rassembler les différentes expériences de ses confrères dans une étude intitulée : « Les fusions : quelle communication ? », pour le compte d'ENTREPRISES ET MÉDIA, association des directeurs de communication, dont elle a été présidente.

Avec quelle équipe et quel dispositif vous êtes-vous engagée dans la crise BNP-PARIBAS-SOCIÉTÉ GÉNÉRALE ?

L'équipe chargée de la communication pour PARIBAS comptait une trentaine de personnes, dont trois s'occupaient plus spécialement des relations avec la presse. Pendant la crise, elles ont travaillé sur un fichier d'environ 200 journalistes. Sur cette seule période, une cinquantaine de communiqués ont été diffusés, avec cette particularité qu'ils ont tous été relus par les juristes participant à la cellule de crise : dans ce genre de situation, chaque mot compte et doit être soigneusement pesé !

Quels grands enseignements avez-vous retirés de toute cette affaire ?

Cette expérience a démontré ce que je savais déjà – à savoir que la communication est loin d'être à l'écart des autres directions. Cette interaction avec l'ensemble des fonctions de l'entreprise existe en permanence, mais elle apparaît plus que jamais évidente en temps de crise. Par ailleurs, pendant ces six mois où nous étions mobilisés pratiquement vingt-quatre heures sur vingt-quatre, j'ai pu vérifier sur le terrain ce que sont les qualités essentielles d'un bon communicant : l'endurance, la résistance au stress et le sens des priorités. Enfin, il est apparu assez clairement lors de cette crise que les supports de communication numériques n'avaient pas l'impact qu'on a tendance à leur prêter : pour s'exprimer sur des sujets aussi sensibles, rien ne remplace la chose écrite et toute la valeur qui lui est associée, notamment sur le plan juridique.

Avec le recul, et de façon plus générale, sur quels grands principes pensez-vous que repose la réussite des opérations de fusion ?

Il n'existe pas de vérité établie en la matière : communiquer dans ces périodes est toujours un acte difficile et critiqué. Les entreprises qui réussissent le mieux sont celles qui impliquent la direction de la communication dès la phase de préparation du rapprochement, tout en parvenant à éviter la « bunkerisation » de leurs équipes et la surexposition de leur dirigeant. Il faut également savoir soigner la communication interne parallèlement à la communication financière, proposer un discours pertinent et transparent, et envisager tous les scénarios possibles – même celui d'un échec de l'opération. Enfin, l'essentiel est peut-être de toujours conserver sa capacité de recul par rapport à la situation et son sens du parler vrai.

La communication de crise : les cas PEUGEOT et de la vache folle

Auto Plus et PEUGEOT : comment désamorcer une bombe médiatique ?

L'automobile est probablement le secteur industriel où les relations presse sont le mieux valorisées. Dans certains cas, elles s'y parent même du rang de priorité stratégique – une rareté qu'il est bon de souligner, tant cette discipline est si souvent traitée en parent pauvre ! L'importance des relations presse chez les constructeurs reflète en fait la puissance de la presse automobile. Cette dernière surpasse largement tous les standards de la presse spécialisée, et aucune autre industrie ne peut revendiquer des médias aussi nombreux et largement diffusés – à la télévision, avec les magazines *Auto Moto* sur TF1 et *Turbo* sur M6, comme dans les kiosques où, sans même parler des rubriques dédiées que l'on trouve dans la plupart des journaux, les titres abondent : le mensuel *Action Auto Moto* et l'hebdomadaire *Auto Plus* tirent chacun à près de 350 000 exemplaires, de quoi faire rêver plus d'un magazine d'informations générales !

Attirant non seulement les passionnés mais aussi les consommateurs lambda désireux de changer de voiture, cette presse est naturellement au cœur des préoccupations des constructeurs, qui entendent bien la choyer. La plupart d'entre eux mettent de vastes parcs automobiles à la disposition des journalistes pour qu'ils puissent essayer et tester comme bon leur semble les véhicules, et leurs relations presse son souvent placées sous l'autorité directe du directeur de la communication. Chez les plus grandes marques, celui-ci s'appuie sur une équipe pouvant compter jusqu'à plusieurs dizaines de collaborateurs pour rédiger les nombreux communiqués, les épais dossiers de presse, organiser les conférences, les voyages d'essai, et gérer la banque d'images (ektas, CD-Rom et photothèque en ligne) que les magazines consomment en abondance.

Le statut des chargés de communication des constructeurs automobiles a de quoi faire pâlir d'envie la plupart de leurs confrères œuvrant pour d'autres grands groupes industriels. Mais, revers de la médaille, leur mission est également une des plus délicates et des plus exposées du métier. Car cette toute-puissance et cette omniprésence de la presse automobile sont loin d'être faciles à gérer.

D'une part, parce qu'elle implique une énorme masse de travail : l'actualité de l'automobile ne s'arrête jamais, et connaît des pics d'activité particulièrement stressants lors des salons ou du lancement de nouveaux modèles. À cause de la manne publicitaire que représente les constructeurs et les concessionnaires, les journaux mettent régulièrement la pression sur leurs journalistes pour présenter dans des cahiers spéciaux les nouveautés de chaque marque. D'ailleurs, cela aboutit parfois à des situations plutôt cocasses, tant il est vrai que tous les services de presse automobile ne sont pas forcément submergés par l'actualité de leur marque : plusieurs années de suite, un jeune journaliste pigiste s'est vu commander un feuillet sur les nouveautés Lada destinées au supplément d'un quotidien régional ; et, chaque fois, il a pris contact avec le service de presse de la marque pour entendre invariablement la même réponse navrée : « Mais monsieur, cela fait des années que nous n'avons plus une seule nouveauté ! » Comme quoi, même un bon journaliste peut être contraint de faire du neuf avec du vieux pour livrer son papier...

• *Une cible particulièrement exigeante*

D'autre part, les journalistes automobiles constituent un public particulièrement difficile à manier. Experts passionnés par leur sujet, ils se montrent bien souvent extrêmement tatillons, très exigeants sur la qualité de l'information et impitoyables sur les détails. Il suffit rarement de les emmener faire un beau voyage pour les amadouer... Les rédactions les plus importantes sont équipées pour tester les voitures avec des pilotes et des dispositifs d'une technicité que ne renieraient pas les industriels eux-mêmes ! Si quelque chose ne va pas avec le véhicule qu'on leur soumet, on peut être sûr qu'ils s'en apercevront et s'en feront l'écho dans leurs colonnes. Ils n'hésitent jamais à se montrer critiques vis-à-vis des constructeurs (parfois, d'ailleurs, uniquement afin d'affirmer leur indépendance à leur égard...). Et comme le moindre papier légèrement négatif peut avoir des conséquences directes sur les ventes d'un véhicule, les chargés de communication marchent en permanence sur des œufs – en espérant que leur produit soit irréprochable et qu'ils seront capables de le défendre dans toutes les situations.

• *Catastrophe à la une !*

Cette délicate gestion des relations avec les journalistes automobiles, PEUGEOT en a fait l'amère expérience en 2000, au moment de lancer la 607. Heureusement que les représentants de la marque au lion ne sont pas superstitieux : le lancement de leurs modèles haut de gamme semble maudit. En 1989, alors que la 605 allait être mise sur le marché avec tambours et trompettes, de sérieux dysfonctionnements électroniques et un conflit social dans les usines de Sochaux étaient venus gâcher la fête...

En 1999, pourtant, rien ne semblait pouvoir perturber le lancement de la 607 – événement des plus cruciaux pour la marque. En juillet, une première présentation « statique » de la voiture est effectuée devant les journalistes qui, tout au long de l'hiver 1999-2000, ont la possibilité d'essayer les premiers véhicules sortis des usines. Les réactions de la presse, à cette époque, sont plus qu'encourageantes. La belle berline plaît, et *Auto Plus* va jusqu'à titrer à son propos le 18 janvier 2000 : « *La nouvelle reine du haut de gamme ?* » En l'occurrence, et malgré ses papiers louangeurs, l'équipe de l'hebdomadaire spécialisé a bien fait de ponctuer son titre par une interrogation. Quelques semaines plus tard, en effet, *Auto Plus* adopte la position inverse. Le 7 mars, le magazine réalise un splendide « coup » éditorial en étalant à sa une : « *607, la catastrophe !* » Suit un édito du rédacteur en chef, Thierry Soave, expliquant que de nouveaux tests sur circuit ont fait ressortir de graves défauts de tenue de route sur la voiture. Après un *mea culpa* et des excuses rapides pour son accroche laudative du mois de janvier, le magazine propose un dossier complet sur les tests effectués et leurs résultats calamiteux.

Chez PEUGEOT, on tombe des nues et l'on s'interroge sur les motivations réelles qui poussent *Auto Plus* à monter son *scoop* en scandale. Le vendredi 3 mars, en effet, la rédaction du magazine informe le constructeur de l'imminente parution de son titre assassin et invite, par la même occasion, les représentants de la marque à venir débattre de la question sur le plateau de LCI le lundi 6 mars au matin. Les membres de la direction de la communication de PEUGEOT passent un mauvais week-end : ils n'ont guère le temps de préparer leur réponse, n'ayant pas eu l'entière connaissance des faits qui sont reprochés par *Auto Plus* à la 607. Ce n'est qu'une fois arrivés dans le studio de LCI, un peu avant l'émission programmée à 9 heures, qu'ils pourront lire l'article du magazine et visionner la bande-vidéo des tests qui ne tardera pas à être reprise par l'ensemble des autres chaînes... Cela leur laisse à peine une heure pour prendre position et trouver le bon angle de communication pour contre-attaquer. Leur surprise est d'autant plus grande que de nombreuses voitures ont été fournies à la presse pour des essais libres sans qu'aucun problème ne soit jamais détecté : si certains journalistes remarquent que la 607 a tendance à survirer dans certaines conditions, aucun ne conclut pour autant à un « danger » ou à une quelconque « catastrophe ».

L'objet de ce récit n'est évidemment pas de savoir qui, de PEUGEOT ou bien d'*Auto Plus,* avait raison. En fait, avec le recul, il apparaît impossible de mettre en cause aussi bien la bonne foi du constructeur que la validité des tests réalisés par le magazine. En revanche, la mise en scène choisie par ce dernier est assez exemplaire de la façon dont se prépare un *scoop.* Une fois le dossier compromettant réuni, on prévient la marque à la dernière minute et on la convoque à la télévision la veille de la parution : l'hebdomadaire n'a rien laissé au hasard pour être sûr d'obtenir un écho médiatique maximal. Sans être forcément mal intentionnée, l'opération représente une fabuleuse promotion pour un magazine qui, quelque temps auparavant, s'était fait doubler par ses confrères en ne remarquant pas les penchants pour la cabriole de la Mercedes Classe A...

• *Répondre sans polémiquer*

Pour les dirigeants de PEUGEOT, l'heure est grave : il n'est pas question de manquer le lancement de ce qui doit être le fleuron de leur gamme. Les enjeux industriels et financiers sont énormes, une gestion maladroite de cette affaire pourrait avoir de lourdes conséquences pour la marque. Face aux images accablantes qui leur sont montrées avant l'émission de LCI, ils n'ont qu'un nombre restreint d'options. Une attitude par trop défensive consistant à contester les résultats des tests ou la méthodologie appliquée reviendrait à mettre en cause l'objectivité et le professionnalisme du journal : ce serait l'assurance de créer une inextricable polémique avec les médias.

Pour éviter cette situation périlleuse et sauver le lancement de la 607, les représentants de PEUGEOT adoptent, dès l'émission en direct de LCI, une tout autre position. Ils déclarent prendre en compte les tests d'*Auto Plus*, tout en insistant sur le fait que les véhicules essayés par les journalistes ne sont encore que des préséries, n'ayant pas reçu les mises au point ultimes dont bénéficieront les voitures qui doivent être commercialisées à partir du 15 mai. Il s'agit pour eux de se montrer le plus objectif et transparent possible, en rappelant que la 607 ne souffre d'aucun défaut de sécurité (puisqu'elle a passé avec succès tous les tests normalisés) mais que certains aspects regardant l'agrément de direction pourront être améliorés d'ici à la mise sur le marché de la voiture. Dans l'après-midi même du 6 mars, cette explication est reprise dans un communiqué de la direction de la communication, largement diffusé auprès des médias.

Sitôt paru l'article d'*Auto Plus* le 7 mars, tous les grands médias, en plus des titres spécialisés dans l'automobile, s'emparent de l'affaire. Le jour même, le quotidien *Le Monde* évoque la polémique sur quatre colonnes. Dès le lendemain, on en parle longuement sur les ondes de France Inter et de France Info, tandis que France 2 en fait un sujet de son journal de 13 h 00. Les représentants de l'hebdomadaire accusateur et ceux de PEUGEOT sont invités à s'expliquer tour à tour. Tirant les leçons des expériences analogues vécues par ses confrères, notamment RENAULT avec la Mégane Scénic et MERCEDES avec la Classe A, la direction de la communication de PEUGEOT évite à juste raison de jouer les autruches. Au lieu de fuir les médias et de nier les faits, elle va au-devant des micros : chaque fois qu'*Auto Plus* s'exprime dans la presse, un porte-parole de PEUGEOT monte au créneau pour faire valoir le point de vue de sa marque.

Outre cette stratégie de prise de parole systématique dans les médias, qui empêche le public de n'entendre que le seul point de vue de la partie adverse, la cellule de crise mise sur pied à cette occasion décide deux autres grandes actions de communication. D'abord, la diffusion d'un message institutionnel fort : le 8 mars, PEUGEOT achète deux espaces publicitaires dans *Le Monde* et *France Soir* où, dans un communiqué d'une grande sobriété, le PDG de PSA, Jean-Martin Folz, prend personnellement la parole pour annoncer : « *La Peugeot 607 sera irréprochable. (...) Je m'y engage.* » Ensuite, le renouvellement immédiat des tests de comportement routier pour vérifier les critiques d'*Auto Plus* – par acquit de conscience, en quelque sorte, et sous contrôle d'huissiers : la 607 les passe à nouveau avec succès, et ces résultats sont tout de suite mis à la disposition de la presse.

• *Deux camps se créent dans la presse*

Cette attitude positive et constructive de PEUGEOT, qui ne nie pas les quelques faiblesses de sa voiture et assure que leur correction était de toute façon programmée avant le lancement commercial, porte rapidement ses fruits. Elle fait même rebondir la polémique de manière tout à fait inattendue. Le désaccord entre le constructeur et le magazine se transforme en effet assez vite en un conflit professionnel entre supports de presse : certains titres reprochant à l'hebdomadaire la légèreté de son atti-tude, le paysage médiatique se divise en deux. Bientôt, ce ne sont plus les éventuels défauts de la 607 qui font couler de l'encre, mais bel et bien le choix éditorial contesté d'*Auto Plus*. Alors que, le 9 mars, le bimensuel *L'Auto Journal* apporte son soutien à ce dernier et s'interroge : « la 607, un mauvais numéro ? », *Paris Match*, *L'Action Auto Moto* et *Turbo* sur M6 refont des tests communs et concluent que la nouvelle Peugeot n'est pas plus dangereuse que ses concurrentes. Le même jour, *Le Parisien* explique « qu'il n'y aurait pas de quoi crier au scandale et encore moins à la voiture criminelle ». D'autres journaux se montrent par la suite beaucoup plus critiques vis-à-vis d'*Auto plus* : *Coupés & Cabriolets* se demande « *Qui se comporte mal ?* » dans cette affaire, tandis que le *Journal de L'Automobile* du 17 mars fustige la manœuvre purement commerciale de l'hebdomadaire et intitule son éditorial : « *Sortie de route pour Auto Plus* ».

La polémique ne cesse que le 15 mai, avec le début de la commercialisation de la 607. Lors de la cérémonie officielle de lancement au centre d'essai de Sochaux, la voiture tient toutes ses promesses en matière de tenue de route. Comme annoncé, PEUGEOT a respecté son programme de développement et tenu l'engagement de son PDG. De son côté, après avoir été longuement matraqué par ses pairs, *Auto Plus* déclare la fin des hostilités en reconnaissant la qualité des véhicules mis en vente. Dans son édito du 23 mai, l'hebdomadaire en profite néanmoins pour régler ses comptes avec ses détracteurs, et avance l'idée que sans ses révélations, la marque au lion n'aurait peut-être pas procédé aux améliorations nécessaires sur la 607…

• **Épilogue**

Finalement, PEUGEOT aura traversé la crise de la 607 en y laissant beaucoup moins de plumes que RENAULT et MERCEDES en leur temps. Cette réussite est due à des raisons à la fois conjoncturelles et structurelles. Conjoncturelles, dans un premier temps, parce que les accusations d'*Auto Plus* n'ont pas fait l'unanimité dans les médias : par chance – mais la chance fait aussi partie du métier ! – PEUGEOT a reçu gratuitement le soutien actif de journaux affichant clairement leur désaccord sur la question avec l'hebdomadaire. Structurelles, dans un second temps, parce que la direction de la communication du constructeur a su réagir avec sang-froid et rapidité pour ne pas envenimer la crise et la circonscrire à la seule 607, sans préjudice pour les autres modèles de PEUGEOT et pour CITROËN, l'autre marque du groupe PSA. Les ingrédients de ce succès sont :

- la mise en place rapide d'une cellule de crise dédiée ;

- une politique de « parler vrai » et d'ouverture, pour ne pas donner l'impression de retenir l'information, tout en refusant d'entrer dans une polémique stérile ;

- une attitude modeste et respectueuse à l'égard du travail des journalistes, amenant à reconnaître les faiblesses de la 607 tout en s'engageant sur la qualité finale du véhicule ;

- une prise de parole institutionnelle et un engagement incarné par le président du groupe ;

- la conception d'un argumentaire recensant toutes les questions que les journalistes seraient susceptibles de poser ;

- un effort de prise de parole systématique dans les médias, pensé en fonction de chaque demande, pour expliquer posément le point de vue de la marque ;

- comme « bouquet final » de cette campagne d'information, après correction des défauts de la voiture, l'organisation d'un grand événement pour la presse, réunissant plus d'une soixantaine de journalistes européens.

Grâce à la combinaison heureuse de tous ces éléments, les responsables de la communication de P*eugeot* sont parvenus à désamorcer le scandale et à éviter la « catastrophe » annoncée par *Auto Plus*.

Communication de crise et communication politique : la vache folle, un ministère face à la crise

Selon une idée fausse mais néanmoins assez répandue, les professionnels de la communication ne servent, en cas de crise, qu'à faire avaler la pilule – amère – au public : un travail de pompier sur la forme, en quelque sorte, qui permettrait aux personnes impliquées de gagner du temps en attendant que les problèmes se résolvent d'eux-mêmes...

L'affaire de la vache folle apporte un démenti exemplaire à cet *a priori*. Elle est la preuve que, dans ce type de crise sanitaire, la communication est au contraire une nécessité de service public, un impératif à la fois politique et scientifique pour dépassionner le débat, informer sur les risques, sur les précautions à prendre, démêler le vrai du faux, expliquer les positions et les décisions de chacun... Au lieu de chercher à détourner des vrais problèmes l'attention du public et des médias, le travail consenti à cette époque en matière de communication a participé activement au dénouement de la crise. C'était une composante indispensable du dispositif de gestion de crise, qu'il était nécessaire de prendre en compte au même titre que les aspects techniques, scientifiques, juridiques, économiques, sociaux et politiques de ce dossier pour le moins épineux.

L'analyse de la crise de la vache folle fait également ressortir des éléments très utiles à la compréhension de la genèse des crises en général. En particulier, elle démontre qu'il faut bien distinguer entre leurs causes immédiates et leurs causes profondes : leurs racines sont souvent enfouies bien plus loin dans le passé que ce l'on s'imagine de prime abord. Dans le cas de la vache folle, si la crise n'éclate véritablement qu'en 1996, elle est toutefois le résultat d'une suite logique d'événements, d'une montée en puissance progressive des éléments du drame pendant une dizaine d'années. Ce sont ces signes précurseurs qu'il faut savoir repérer et anticiper, afin de ne pas se laisser surprendre et de gérer au mieux la crise. Nous verrons que dans cette affaire d'épizootie de grande ampleur, malgré le tollé soulevé dans les opinions européennes, les principaux acteurs économiques et politiques concernés étaient beaucoup mieux préparés qu'on aurait pu le craindre.

• *La lente montée d'une crise majeure*

Tout commence au Royaume-Uni en 1986. Un laboratoire vétérinaire découvre dans un élevage du Surrey une vache présentant des troubles neurologiques rappelant ceux d'une autre maladie, la tremblante du mouton, que l'on croyait cantonnée au seul cheptel ovin. Baptisée « encéphalite spongiforme bovine » (ESB), la maladie de la vache folle fait une première apparition discrète sur la scène médiatique...

À partir de cette époque, les chercheurs britanniques se lancent dans une véritable enquête policière pour percer les secrets de ce mystérieux syndrome, qui se répand de troupeau en troupeau comme une traînée de poudre, au point que les autorités sanitaires sont vite obligées de le considérer très vite comme une épizootie. En 1987, les farines d'origine animale servant en grande partie à l'alimentation des vaches sont mises en cause pour la première fois par les scientifiques. L'hypothèse alors émise est que les bovins contractent la maladie par l'ingestion de ces farines fabriquées à partir des restes insuffisamment traités d'ovins porteurs des agents de la tremblante du mouton.

- ***Quand les malheurs des éleveurs envahissent la presse...***

En 1988, les premières mesures sanitaires commencent à être prises pour enrayer l'épizootie, tandis que les malheurs des éleveurs britanniques sont de plus en plus souvent relayés dans la presse, et qu'apparaissent à la télévision les première images – aussi saisissantes que navrantes – de vaches errant dans les prés, hagardes et maladroites, incapables de contrôler leurs mouvements. Le gouvernement de Londres réagit vigoureusement : il rend obligatoire la déclaration des animaux malades, instaure leur abattage préventif, interdit de nourrir les bovins avec des farines animales et verse des indemnités aux propriétaires des troupeaux atteints.

En 1989, la Communauté économique européenne (CEE) interdit l'exportation de la viande de bovins britanniques nés avant le 18 juillet 1988, et la France raye à son tour les farines animales du menu de ses vaches. De nouvelles mesures de protection s'enchaînent ensuite dans les différents pays de l'Union européenne et en Suisse, au fur et à mesure que les recherches sur l'ESB progressent. Malgré les réactions des pouvoirs publics et les importants moyens scientifiques et financiers consacrés à la lutte contre cette maladie, rien ne parvient à l'enrayer. L'épizootie ne cesse de s'étendre. Fin 1990, la Grande-Bretagne recense 300 nouveaux cas de vache folle par semaine. On se met même à parler d'encéphalite spongiforme féline lorsque l'on découvre que des chats de compagnie, un puma et un guépard (tous deux pensionnaires d'un zoo) sont morts prématurément après avoir présenté les mêmes symptômes que les vaches folles. Dans tous ces cas, l'alimentation des bêtes est fortement soupçonnée.

• *Menaces sur la santé publique*

La contagion croît plus vite que la connaissance de l'ESB. Le 2 mars 1991, un premier cas de vache folle est officiellement recensé en France, dans un élevage breton : tout le troupeau sera abattu – une mesure de prévention qui deviendra très vite la règle, au grand dam des éleveurs. Au Royaume-Uni, on s'aperçoit que des animaux nés après l'interdiction des farines animales sont quand même frappés par l'ESB : les scientifiques sont contraints de chercher d'autres voies de contamination que la seule alimentation. La crise ne cesse de prendre de l'ampleur en Europe, mais n'est pas encore généralisée. Elle se restreint aux seuls milieux agricoles et vétérinaires : le grand public commence à s'en inquiéter, mais, face à la technicité du débat, il ne sait pas encore comment réagir.

Un cap est franchi en 1993 alors que, pour la première fois, la question se pose sérieusement : l'homme peut-il contracter cette incurable encéphalite spongiforme en mangeant du bœuf contaminé ? Aucun chercheur ne peut répondre avec certitude. Mais alors que son cheptel bovin est désormais sinistré avec plus de 800 nouveaux cas de vache folle par semaine, la Grande-Bretagne annonce que deux éleveurs sont morts de la maladie de Creuztfeldt-Jacob (MCJ) – un mal rarissime, dont les symptômes ressemblent à ceux de l'ESB, et que l'on ne rencontrait jusqu'alors que chez des personnes âgées. Les soupçons sur une possible transmission de la maladie des ruminants à l'homme sont encore renforcés en 1995 : plusieurs agriculteurs anglais et deux jeunes gens décèdent à leur tour d'une forme de MCJ identifiée par les médecins comme « atypique ».

• *Un affolement relayé par les médias*

En 1996, c'est la panique dans l'opinion. Le 20 mars le ministre de la Santé du Royaume-Uni reconnaît officiellement dix cas de MCJ atypique, dont huit sont déjà décédés. En mai, à Paris, le rapport Dormont commandé par le gouvernement annonce que, compte tenu des incertitudes des scientifiques, il faut considérer l'ESB comme transmissible à l'homme.

La crise atteint alors son paroxysme. La polémique fait rage dans tous les domaines. Les responsables politiques doivent gérer dans l'urgence et simultanément :

- le problème de santé publique qui affole la population ;
- le problème économique, qui voit tout un pan du secteur agroalimentaire menacé de ruine par l'effondrement des cours du bœuf ;
- le problème scientifique, vétérinaire et sanitaire, qui exige d'énormes investissements en hommes et en crédits, tant pour financer la recherche que pour abattre les animaux, dépister la maladie, détruire les carcasses, se débarrasser des farines animales…
- le problème diplomatique, enfin : à Bruxelles, les discussions sont âpres avec les Britanniques, qui s'estiment injustement pénalisés dans cette affaire par les différentes mesures restrictives frappant ses exportations de bétail et de produits alimentaires.

En France, au sein du gouvernement fraîchement entré en fonction d'Alain Juppé, c'est le ministre de l'Agriculture Philippe Vasseur qui est chargé de coordonner ce dossier de crise, en étroite collaboration avec ses collègues de la Recherche et de la Santé, Hervé Gaymard et François d'Aubert. Le choix de mettre en avant Philippe

Vasseur[1] est tout sauf anodin : ancien journaliste, il possède une longue expérience de la communication et est *a priori* le mieux armé pour affronter les médias. Dans cette affaire, en effet, le dispositif de communication mis en place compte autant que les décisions techniques et politiques prises immédiatement après les conclusions du rapport Dormont : par la voix des journalistes, le grand public se pose des questions, et en demande les réponses au gouvernement.

Dans les médias, la crise de la vache folle fait naturellement la une quotidiennement et déchaîne de véritables passions. Or, comme toujours dans ce genre d'affaires aussi vastes que techniquement complexes, le meilleur côtoie le pire : les articles sensationnalistes, jouant sur les peurs et relayant les rumeurs les plus fragiles, alternent avec les enquêtes approfondies, lourdement documentées et parfaitement explicatives. D'un côté, le travail d'information claire et fouillée du *Parisien-Aujourd'hui en France* est salué par ses confrères et par les responsables politiques ; de l'autre, *France Soir* est poursuivi en diffamation pour avoir repris dans ses colonnes le communiqué trompeusement alarmiste d'une obscure association. Celle-ci, semble-t-il financée par des intérêts américains, cherchait vraisemblablement à profiter de cette crise pour décrédibiliser la politique agricole très protectrice de la France : ces opérations « d'intox » sont, somme toute, de bonne guerre, et il faut s'attendre à en voir certaines

---

1. Ministre de l'Agriculture, de la Pêche et de l'Alimentation de 1995 à 1997, Philippe Vasseur a été rédacteur en chef des *Échos* de 1977 à 1981, chef du service économique et social de TF1 de 1981 à 1982, directeur de la rédaction du *Nouveau Journal* de 1982 à 1983, rédacteur en chef puis directeur de la rédaction économique du *Figaro* entre 1984 et 1989. Il a entamé sa carrière politique en 1986 en devenant député du Pas-de-Calais ; il est aujourd'hui président du Crédit Mutuel Nord Europe.

relayées par la presse, le plus souvent, heureusement, de façon totalement involontaire. L'information dans les médias n'étant jamais neutre, les communicants doivent être prêts à manier les extrêmes...

• *Jouer le jeu de l'information sans tabou*

Dès le début de la crise en mars 1996, l'équipe de Philippe Vasseur au ministère de l'Agriculture déploie son action dans trois directions. D'abord, un embargo total est décrété sur la viande bovine britannique – mesure spectaculaire et politiquement très risquée, allant à l'encontre de la position officielle de l'Union européenne. Ensuite, un travail de fond est entrepris avec les professionnels de la filière bovine afin de mettre en place un système de traçabilité capable de renseigner les consommateurs sur l'origine exacte des produits qu'ils consomment. Là encore, cette décision est politiquement risquée, puisque l'Union européenne interdit, au motif de la libre concurrence, la mention de l'origine nationale des denrées sur les étiquettes. Enfin, un comité scientifique indépendant est mis sur pied, sous la présidence d'une personnalité irréprochable, afin de rassembler toutes les informations disponibles sur l'ESB. On touche ici au nerf de la guerre : les comportements irrationnels sont bien souvent provoqués par l'ignorance ou des informations erronées, seule la présentation de faits scientifiques concrets et fermement établis peuvent réussir à calmer les esprits.

Cette dernière mesure participe, en outre, d'un effort de transparence qui constitue la base du dispositif de communication adopté par le ministère de l'Agriculture et représente, plus généralement, la clé de voûte de toute gestion de crise un tant soit peu sensée. Jouer cartes sur table, laisser l'information circuler sans entrave est cependant loin d'être une chose aisée. D'une part, parce que personne n'apprécie de voir exposés sur la place publique des faits qui ne lui sont pas favorables – et il est encore plus dur pour un gouvernement d'avouer ses éventuelles faiblesses, ou de se voir rappeler les difficultés qui l'attendent... Embarrassante à court terme, la libre circulation de l'information est cependant une garantie sur le moyen terme que l'on ne se laissera pas enferrer dans la crise et accabler de reproches par la suite.

D'autre part, parce que la transparence – ainsi va le monde ! – n'est pas la qualité que l'on prête le plus spontanément aux États et à leurs gouvernements. L'équipe de communication du ministère de l'Agriculture a donc dû donner des gages de sa bonne foi aux journalistes comme aux administrations concernées avant de les convaincre de sa réelle volonté d'ouverture et d'information impartiale. Sur ce point, la personnalité de Philippe Vasseur était sans conteste un atout. Bien souvent, il a pris la plume lui-même pour expliquer ses décisions, et a multiplié les rencontres avec les journalistes en évitant de leur servir des discours « langue de bois » tels qu'il en avait tant entendu de la bouche des hommes politiques quand il œuvrait dans les colonnes du *Figaro* et des *Échos*.

Ces gages de bonne foi, l'équipe de Philippe Vasseur les donne durant les tout premiers jours de la crise, au cours d'une péripétie médiatique qui illustre parfaitement à quel point il est difficile de rester maître de son discours. Le comité scientifique réuni dans l'urgence après les déclarations du ministre britannique a pour mission de rédiger un rapport exhaustif de l'état des connaissances, à cette époque, sur l'ESB et sa variante humaine, la MCJ. Après seulement trois semaines, le président du comité transmet au ministre une courte note pour l'informer de l'état d'avancement de ses travaux. Ce bref document a beau ne contenir aucune information pertinente, un journal parvient à se le procurer et en fait aussitôt un gros titre sur le mode : « *Les premières conclusions du rapport Dormont* ». Le ministère est obligé de procéder à une mise au point, précisant qu'il ne cherche à retenir aucune information mais qu'il faut encore patienter quelque temps pour obtenir les véritables conclusions du comité. Le rapport définitif est remis au gouvernement le 9 mai, et aussitôt communiqué à la presse...

• *Épilogue*

De longs mois seront encore nécessaires pour calmer le jeu autour du dossier de la vache folle. Mais, finalement, le verrouillage de la filière bovine par la traçabilité et la stricte application du principe de précaution a commencé à rassurer l'opinion, à contenir la catastrophe sanitaire et à sauver le marché de la viande de bœuf qui reste, certes, durement et durablement touché, mais a évité le pire.

Sans un effort important de communication en direction des consommateurs comme des professionnels, jamais ces mesures n'auraient pu être généralisées dans un délai raisonnable, et la crise aurait sans doute perduré.

Sous la houlette du ministère de l'Agriculture, tous les acteurs concernés (politiciens, vétérinaires, groupements professionnels...) se sont mobilisés pour porter cet effort, sans tomber la cacophonie.

Dans ce dispositif de communication, les relations presse ont joué un rôle prépondérant, que le ministre de l'Agriculture de l'époque a su mesurer à sa juste valeur. Dans un premier temps sévèrement attaqué par les médias, le gouvernement a dû répondre et défendre pied à pied sa politique avant de pouvoir, dans un second temps, précéder à nouveau la communication et faire œuvre d'explication et d'apaisement. Or, ce basculement de la position de « défenseur » à celui d'« attaquant » n'a été possible que parce que, dès le début, l'équipe chargée de coordonner la communication du gouvernement sur ce sujet a misé sur la qualité de l'argumentation, la fiabilité et la libre circulation de l'information.

La presse et les ministres ont joué le jeu comme, par exemple, lorsqu'Anne Sinclair a reçu Philippe Vasseur dans son émission « 7 sur 7 » : sans aucune complaisance, la journaliste a interrogé le ministre et a permis à ce dernier de s'exprimer longuement et d'expliquer posément un problème particulièrement technique. Et au bout du compte, tout le monde aura fini par profiter de cette attitude pédagogique.

Témoignage de Philippe Vasseur

Vous étiez ministre de l'Agriculture au plus fort de la crise de la vache folle. Quels ont été vos rapports avec la presse durant cette période ?

Il est difficile de se livrer à des généralisations dans ce domaine. La presse est très variée, et les journalistes ont des profils très différents : certains font bien leur métier, d'autres moins... J'avoue que si je garde un bon souvenir de mon passage chez Anne Sinclair, j'ai des regrets concernant l'image très négative que la presse internationale a alors donnée de la France : on nous a reproché à mon sens injustement notre orgueil et notre volonté de tout réguler.

Le battage médiatique autour de la vache folle a-t-il plutôt accéléré ou ralenti l'issue de la crise ?

Les faits ont souvent été grossis par les médias, parfois à juste titre, parfois non... Mais, globalement, je crois que les informations diffusées à cette époque ont plutôt aidé à résoudre la crise. L'énorme attention soudainement portée à ces problèmes a permis une certaine remise à plat, et les articles au ton explicatif, qui ont relevé le pari difficile de ne pas jouer sur les peurs, ont contribué à restaurer la confiance. La meilleure preuve en est que la consommation de bœuf qui avait brutalement chuté est petit à petit remontée au bout de quelques mois.

Quels ont été les méthodes et les outils utilisés ?

Pour commencer, une vérité et une qualité d'information au jour le jour, associées à une forte mobilisation des personnels des ministères concernés. Nous avons adopté une attitude de pédagogie perpétuelle, avec notamment la création d'un comité scientifique et la publication d'un rapport sur la question. Les responsables de la communication du ministère ont ainsi accompagné des décisions qui se prenaient au jour le jour, et toujours en collaboration avec le gouvernement, les autres ministères et la commission de Bruxelles.

De quelles qualités ont dû alors faire preuve vos chargés de communication ?

Je dirai avant tout la disponibilité et… la santé ! Il a fallu à l'équipe des nerfs solides et une grande capacité d'écoute pour vivre quotidiennement aux côtés des politiques et mettre en scène avec finesse leurs réponses et leurs décisions.

La communication
sur un sujet technique difficile : le cas SILEX

L'exemple exposé ci-dessous diffère par sa présentation puisque, plutôt que de l'aborder sous la forme d'un cas concret, c'est ici l'offre présentée par l'agence à son client qui est reprise. Il fournit une illustration de ce que peut être une « reco » pour un annonceur, en l'occurrence une SSII qui s'est orientée vers les relations presse plutôt que vers d'autres métiers de la communication (publicité, marketing…) pour véhiculer son image, son identité et ses savoir-faire.

La difficulté d'un tel dossier résidait dans le type d'activité de cette SSI, très technique et *a priori* abscons pour la plupart des interlocuteurs. Tout l'enjeu était donc de rendre abordables ces sujets techniques et de conquérir une presse plus large que celle spécifiquement liée aux nouvelles technologies. Le cas présenté ci-dessous fournit donc un bon exemple de ce que peut être une campagne de relations presse sur un sujet « difficile ».

Exemple d'une campagne de relations presse sur un sujet « difficile », le cas SILEX

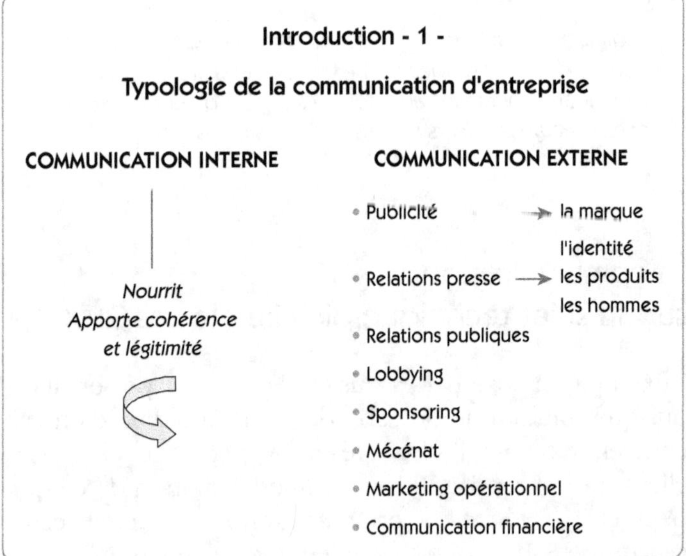

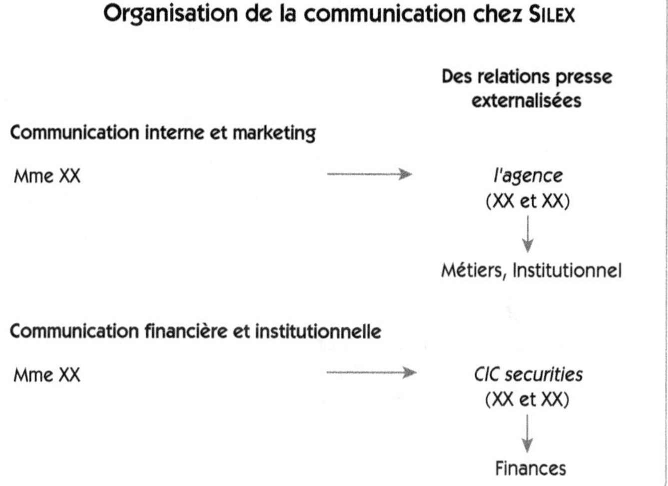

**Stratégie des messages
Pour affirmer et faire connaître l'identité**

Développer une communication institutionnelle
pour identifier SILEX

Photographier l'identité de l'entreprise :

Le dossier de presse

Offrir à la presse des outils adaptés :

- Le parcours
- L'argumentaire
- Des communiqués de presse
- Des notes d'information
- La success story
- La tribune

QUOI ?

Sources possibles de messages

- Que fait SILEX ? ⟶ Les spécificités
- Avec qui ? ⟶ Les clients
- Comment ? ⟶ Les collaborateurs
- Où ? ⟶ La forme des interventions
- Quand ? ⟶ Les événements, dates phares

Réponses :
- Par des communiqués
- Par des notes d'information
- Par des tribunes
- Par des conférences de presse
- Par des rendez-vous « one-to-one »

QUOI ?

Des messages sur des thèmes choisis

Quelques thèmes à titre d'exemple

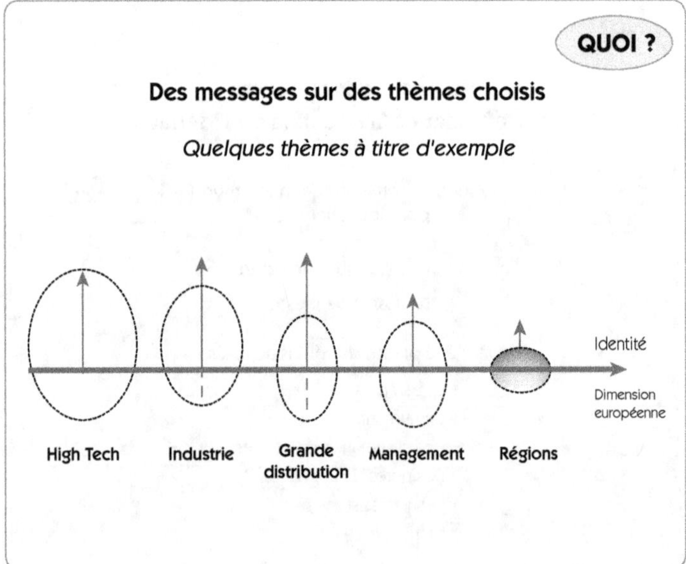

QUOI ?

Exemples de thèmes de prise de parole

- Le positionnement stratégique de Silex
  (développement, partenariats, certifications, présence en Europe)

- Le management des hommes
  (formations, politique de recrutement, parcours…)

- Les expertises technologiques / Les partenariats

- Les atouts régionaux

- Les atouts sectoriels (grande distribution, marketing…)

- Les cas clients

- *Les résultats financiers (des rythmes précis, orchestrés par le CIC securities)*

COMMENT ?

Le bureau des messages :
Construire avec vous
une base de données à entrées multiples

La matière

L'art et la manière

Service Communication Silex

Vous

Actualité
Client
Parcours
Savoir-faire
Régions
Patrimoine

- coordonne
- transmet
- fluidifie
- aide à créer de la cohérence

L'agence

- Construit une base de données « Bureau des messages »
- Fait circuler les messages vers les justes cibles

Mettre en forme

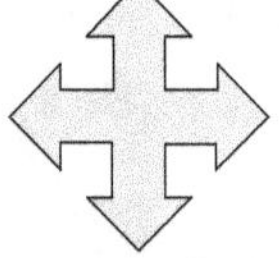

Les cibles

- 36 000 journalistes en France

- Le fichier Silex : 120 noms + presse régionale
  À terme : 300 noms

- **Familles de presse ciblées** : Informatique, Économie, Management, Distribution, Industrie, Logistique, Automobile, Collectivités territoriales, Communication et Marketing, Banque, Assurance

- **Types de journalistes** : rédacteur en chef, chroniqueur, éditorialiste, pigiste

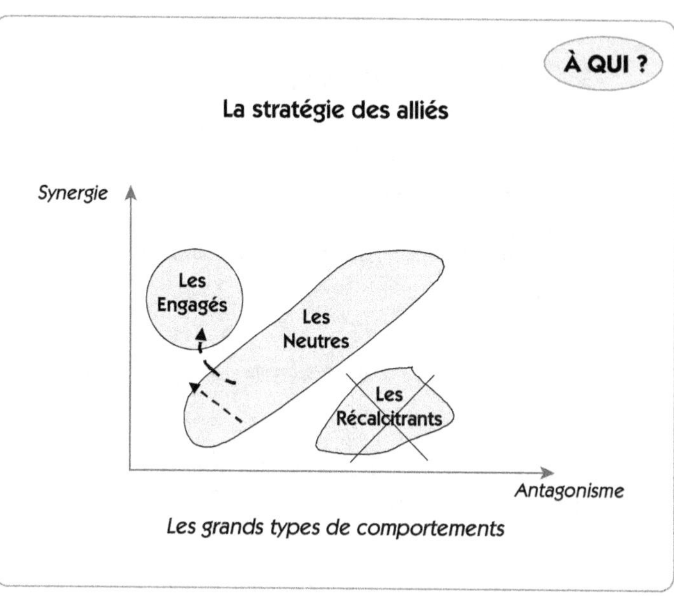

Les grands types de comportements

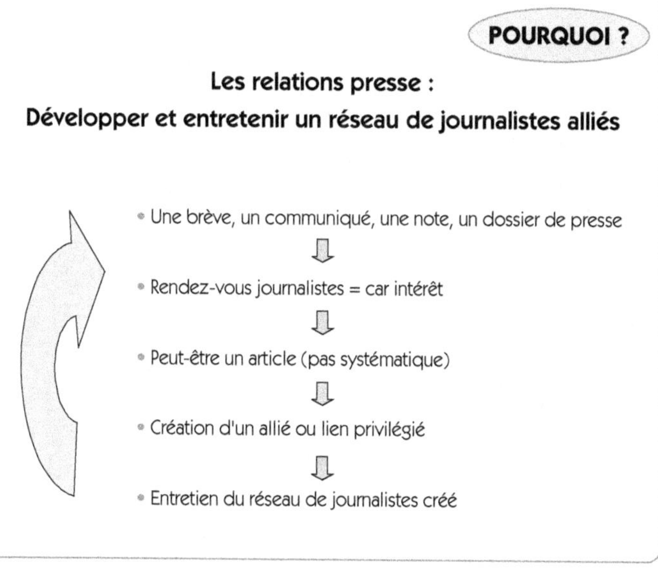

CONCLUSION

- En 5 mois
    - 80 journalistes informés de façon privilégiée
    - 125 dossiers de presse envoyés
    - établissement de rapports personnalisés avec une dizaine de journalistes (téléphone, lettres manuscrites, rencontres)

- Des premiers articles (presses nationale, professionnelle et régionale)

- Pour effectuer une communication ciblée, il faut construire des messages calibrés. L'agence sait les mettre en forme et à qui les diffuser, les équipes de SILEX détiennent la matière.

Chapitre 8

Les questions difficiles posées aux relations presse

Les évolutions du métier de relations presse

Pourquoi les relations presse sont-elles un métier de plus en plus difficile ?

Pour de multiples causes, et, au premier rang, celles présentées en introduction de cet ouvrage ! Plus particulièrement, on peut retenir trois raisons essentielles :

- *Une profusion de médias*

Jamais les médias n'ont été aussi nombreux, jamais non plus leur crédibilité n'a paru aussi faible ! Émerger dans la presse, qui plus est de manière positive et crédible, est donc une gageure quotidienne pour des chargés de communication confrontés à une multiplicité de supports médiatiques : quotidiens, journaux gratuits, magazines, radios, télévisions, Internet…

- *La non-disponibilité des journalistes*

Les journalistes ne sont pas plus nombreux qu'hier, voire même moins nombreux dans la plupart des rédactions de la presse écrite. Le paradoxe ? Jamais les informations n'ont connu une telle profusion. Les journalistes sont donc débordés et submergés par une information protéiforme, non hiérarchisée, et pas toujours vérifiée… Aux relations presse d'en tenir compte et de faciliter le travail du journaliste par des messages sensés et adaptés à leurs attentes !

• *La révolution du numérique*

Elle explique, pour une bonne part, la profusion d'informations dénoncées au point précédent : la mode du *push button* conduit à des envois de masse, un peu comme si certains communicants jetaient plusieurs bouteilles à la mer en se disant qu'au moins une d'entre elles parviendra à délivrer son message ! L'enjeu pour les relations presse ? Fournir des informations qualifiées et ciblées.

Comment inscrire ses relations presse sur une ligne stratégique fixe ?

Inscrire ses relations presse sur une ligne stratégique fixe signifie pouvoir résister aux pressions extérieures, comme celles de l'actualité. Mais aussi à celles venues de l'interne ! Il n'est pas rare qu'un service marketing veuille communiquer sur son dernier produit alors que la stratégie de communication n'en est qu'au stade de la présentation de l'identité de l'entreprise…

Pour éviter de se laisser déborder et d'abandonner sa communication aux courants contraires de l'actualité ou des pressions internes, quelques points fondamentaux sont à retenir.

• *Au préalable, se doter des justes outils*

Un plan de communication doit être impérativement mis en place : il fixe le cap et identifie les lignes stratégiques. En quelque sorte, il indique *en vue de quoi* on cherche à communiquer, et à partir de *quoi*. Il se complète d'un calendrier d'actions précisant où, comment et auprès de qui sera déployée la stratégie de relations presse, ainsi que d'une méthode d'application. Celle-ci viendra préciser les outils utilisés et les cibles visées.

Grâce à ces outils, le communicant dispose de documents qui délimitent sa stratégie de relations presse et lui donnent sens. En dehors de ce cadre, guère de salut !

- ***Savoir rester souple...***
mais ramener chaque action de communication
aux axes définis par le plan de communication

En toute théorie, il faudrait s'interdire toute action vers la presse s'inscrivant en dehors du plan de communication. Le chargé de communication ou le directeur de la communication ne doivent pas hésiter à imposer leurs vues et à faire-valoir leur ligne stratégique validée au plus haut niveau de l'entreprise !

- ***Garder le cap***

En pratique toutefois, il peut y avoir obligation de communiquer sur un thème extérieur à la stratégie. Tout le talent du communicant est alors d'établir un compromis en reliant le nouveau sujet aux thématiques du plan de communication. Objectif : répondre aux attentes de la presse tout en trouvant un angle correspondant à la ligne stratégique.

Comment gérer les relations presse dans la durée ?

Durer est un enjeu majeur pour les relations presse. Combien de campagnes s'essoufflent après à peine plus d'une année d'existence ?

- ***Poser les étapes d'un long voyage***

Parvenir à une existence médiatique pérenne suppose l'établissement d'un plan de communication qui fixe les invariants de la campagne de relations presse : quoi et en vue de quoi communique-t-on ? En revanche, il laisse relativement libre des moyens mis en œuvre pour y parvenir.

Pour illustrer ce propos, la métaphore du voyage s'impose : le « en vue de quoi » est symbolisé par la destination finale, tandis que le « quoi » se rapproche des différentes étapes du trajet. À partir de là, une route idéale est tracée ; mais on reste libre d'emprunter des chemins de traverse si l'une des voies est coupée ou inachevée !

Tout le talent d'une bonne campagne de relations presse est ainsi de choisir les bonnes routes et de savoir s'arrêter et repartir au bon moment ; soit de savoir jouer avec le temps et de refuser certaines pistes que d'autres voudraient nous faire prendre : le risque serait de se perdre et d'oublier sa destination finale.

• *Savoir prendre son temps !*

Une campagne de relations presse qui dure suppose donc de savoir prendre le temps et d'en jouer, mais aussi de pouvoir sentir son époque et de comprendre l'actualité pour adapter en permanence son trajet. Il est hors de question d'abattre toutes ses cartes d'un seul coup, mais bien plutôt de les distribuer progressivement !

• *Poser les fondements de l'identité*

La première phase d'une stratégie de relations presse passe nécessairement par la compréhension et la transmission de l'identité : l'agence pénètre l'entreprise, en comprend les fondements et lance sa campagne de relations presse, lors des neuf, douze premiers mois, sur le « qui » et l'identité de l'émetteur.

En parallèle, le responsable des relations presse rencontre l'ensemble des experts de l'entreprise, choisit les bons porte-parole et crée un « bureau des messages » : celui-ci rassemble différents contenus, aujourd'hui non prioritaires, mais qui pourront être diffusés ultérieurement en fonction de l'actualité et des besoins de l'entreprise.

* **S'adapter à l'actualité en fonction des réserves
de l'entreprise**

Une fois l'identité posée, la stratégie de communication définit des territoires de communication spécifiques (par secteurs ou thèmes de débat) et les communique de manière chronologique.

Simultanément, et en fonction des contextes interne et externe, la communication s'adapte pour toujours relier les événements du client à l'actualité, tout en respectant les lignes stratégiques de l'identité. Elle renouvelle ainsi ses publications pour les faire coller à leur temps, en se servant de la réserve constituée par le « bureau des messages ».

Gérer efficacement ses relations avec la presse

Comment comprendre les relations de travail entre le journaliste et l'entreprise ?

* **Des attentes de différente nature**

Travailler avec un journaliste suppose de comprendre ses attentes et ses motivations : il est en recherche constante d'informations, si possibles nouvelles, inattendues… et vérifiées ! Son objectif principal : capter l'attention du lecteur.

Quant à l'entreprise, ses besoins sont peut-être plus simples : apparaître dans la presse de manière positive pour développer ou améliorer son image.

- ***Le filtre d'une agence***

Pour le journaliste, le rapport avec une agence de relations presse s'habille d'un paradoxe :

- d'une part, il sait qu'avec une agence, il dispose d'un interlocuteur professionnel et crédible, qui va sélectionner les informations pour les adapter à ses propres attentes ;

- d'autre part, il sait pertinemment quel rôle joue l'agence pour son client : celui d'un filtre ! Elle ne lui transmettra que les informations positives (ou tout du moins sous leur angle le moins négatif possible) et ses communications véhiculeront souvent, en filigrane, une dimension « marketing » !

- ***Des relations de partenariat et de complémentarité ?***

Tout l'enjeu réside donc dans la capacité de l'agence et du directeur de la communication à bâtir avec la presse une relation honnête, mature et fondée sur la confiance. L'un et l'autre doivent travailler de concert pour aider le journaliste dans sa recherche, en lui proposant des angles valables et crédibles, tout en le laissant libre de sa composition. À chacun sa place, condition *sine qua non* pour un bon partenariat !

Comment éviter les malentendus entre la presse et l'entreprise ?

- ***Un malentendu ?***

Les entreprises regrettent souvent que la complexité, la richesse et la difficulté de leur matière ne soient pas justement rendues dans un article de presse : « trois lignes, pour une interview de deux heures », il est vrai qu'il y a parfois de quoi être frustré !

Également, il n'est pas rare qu'une simple parution provoque des remous internes, les collaborateurs de l'entreprise ne comprenant pas les propos livrés par tel ou tel dirigeant. Il n'est jamais agréable de découvrir une nouvelle stratégie de communication ou une réorganisation interne par le biais de la presse.

• *Mais le journaliste est libre, et heureusement !*

Bien souvent, l'entreprise oublie que le journaliste n'est pas là pour reproduire docilement son discours, mais bien pour exercer son esprit critique. Il dispose des informations qu'on lui fournit comme bon lui semble, et reste libre de la composition de son article. Sans oublier que son travail suppose concision et réalisation dans l'urgence. Il n'est donc pas rare qu'il ne sélectionne qu'un seul élément, détaché du contexte qui lui donnait le sens voulu par l'entreprise, ou encore qu'il introduise des induits dont l'entreprise se serait bien passée…

• *Communiquer judicieusement, mais ne pas sur-communiquer*

Pour minimiser ces malentendus, l'entreprise doit privilégier la qualité de ses informations et éviter de sur-communiquer : il faut se souvenir que la précision tue la clarté, et mieux vaut choisir le bon message auprès du bon journaliste, plutôt que de verser dans le quantitatif à tous crins.

En interne, les maîtres mots restent la pédagogie et l'échange. Les relations presse ne doivent pas se décider en vase clos, mais être partagées avec tous. La direction de la Communication doit travailler avec les acteurs internes de l'entreprise, réfléchir avec eux de l'image à transmettre, et expliquer la posture de discours choisie. La communication deviendra légitime et commune, évitant ainsi tout risque d'incompréhension.

Comment créer de l'information quand il n'y en a pas ?

Cette question illustre en tous points le rôle que doit jouer une agence auprès d'une entreprise, rôle qui peut également être tenu par le directeur de la communication si toutefois il dispose de suffisamment de recul. En effet, il existe toujours de l'information.

• *Réfléchir*

Le principal avantage d'une agence de relations presse, outre son professionnalisme et sa connaissance des médias, est sa distance. En étant extérieure à l'entreprise, elle voit des choses que l'entreprise ne voit plus, et se montre capable de réfléchir, dans les deux sens du terme :

- elle *réfléchit* pour déterminer la meilleure stratégie des messages possibles, en identifiant tous les thèmes de prises de parole potentiels de l'entreprise. Son impartialité lui permet de remarquer l'information là où les acteurs de l'entreprise ne savaient pas la voir ;
- elle *réfléchit* également en étant le miroir grossissant de l'entreprise. Elle lui précise l'image qu'elle véhicule, tout en se chargeant elle-même de la transmettre.

• *Bureau des messages*

Grâce à sa distance et son professionnalisme, l'agence identifie ainsi toutes les informations que l'entreprise a « dans le ventre ». Elle les met alors en perspective pour les transformer en prises de parole.

Ce travail d'identification doit être mené dès les premiers mois de collaboration entre l'entreprise et son agence, par le biais de rencontres avec les différents collaborateurs de l'entreprise. Cette visite permettra de collecter les différents sujets de communication possibles et de les rassembler dans un « bureau des messages ». Lorsque nécessaire, il servira de vivier d'informations, utilisables et adaptables en fonction de l'actualité et des creux de communication éventuels de l'entreprise.

- ***Mais se taire quand on n'a rien à dire !***

Si toutefois l'entreprise n'a vraiment rien à dire, mieux vaut éviter de communiquer pour énoncer des platitudes ou des informations déjà dites. Et peut-être aussi s'interroger sur le bien-fondé d'une campagne de relations presse !

Comment communiquer sur un sujet contesté ?

Sur un sujet contesté et difficile, on pourrait affirmer qu'« il est urgent de ne pas se presser » ! Il faut en effet prendre le temps de réfléchir à son discours pour fonder les meilleurs arguments possibles, établir une cartographie des opinions et comprendre les différents avis tenus par chacun.

- ***Être soi***

Sur un sujet difficile et attaqué, le risque est de se laisser déborder par les critiques, pour s'abandonner à une stratégie de réponses par réaction. Conséquence : l'oubli de qui l'on est et la dilution de son identité dans l'image donnée par les opposants. Fi donc de ses succès et de ses savoir-faire, on ne finit par exister que par le biais de ce que l'on oppose !

Quelles que soient les critiques, il faut donc savoir rester sur la ligne stratégique fixée par le plan de communication, et continuer de communiquer sur les thèmes que l'on a déterminés. Ce qui ne veut pas dire autisme pour autant…

- ***Examiner les discours des opposants et identifier ce qui n'est pas compris par la presse***

Rester soi-même ne signifie pas ignorer les autres ou le discours des opposants. Mais il faut à tout prix éviter de sombrer dans un jeu sans fin des questions-réponses et se laisser amener par les opposants sur le terrain qu'ils auront eux-mêmes choisi. Tout au contraire, il s'agit de sans cesse ramener les critiques et questions posées à son propre territoire de communication.

L'analyse de ce qui n'est pas compris par la presse ou le grand public devient une nécessité : parfois seules des incompréhensions sont à l'origine de la critique, et un effort de pédagogie suffira pour contrer les mises en cause. Comprendre le mécanisme de l'opposition est également fort utile : quels sont les éléments rationnels qui sont opposés, mais aussi quels sont les ressorts sensibles et irrationnels qui font rebondir le débat ? De quels thèmes les critiques ont dépourvu l'entreprise, et comment faire pour s'en réemparer ? Ce n'est qu'à partir d'une compréhension fine des mécanismes du discours adverse que l'on peut conquérir les arguments et les retourner en contre-arguments !

• *Cadrer ses messages*

À partir de la cartographie des opinions et de l'analyse des arguments de la presse, un discours efficace et proactif peut être tenu. Pour une pleine efficacité, il suppose :

- de bien définir les périmètres de prises de parole et les arguments qui les soutiennent : quand, quoi et comment communique-t-on ?

- de privilégier ses alliés et conquérir les neutres. Lorsqu'un sujet fait débat, trois typologies de cibles peuvent être identifiées : les alliés, les neutres et les opposants. Tout le talent de la campagne de relations presse sera de capitaliser sur les alliés et de parvenir à rallier à soi les neutres. En revanche, on peut ignorer les opposants de métier et de principe, même si ses propres discours doivent tenir compte de certaines de leurs critiques.

Comment médiatiser une marque évoluant sur un marché concurrentiel ou, à l'inverse, de niche avec un produit-sujet élitiste ?

Sur un sujet difficile, il est toujours recommandé de se mettre à la place de son interlocuteur et de comprendre ce qu'il ne comprend pas. L'empathie est au cœur de la réussite d'une communication efficace ; mais aussi la séduction : il s'agit de faire comprendre en quoi, derrière la complexité, se cachent des solutions réellement nouvelles et utiles.

- **L'exigence de la pédagogie et de la simplicité**

C'est une évidence mais, lorsque le sujet est difficile, il est nécessaire de faire preuve de pédagogie ! Il faut être le plus clair possible et savoir privilégier quelques arguments simples et sobres : la précision tue la clarté, et nul n'est besoin de rentrer dans tous les détails techniques. Cela n'aurait pour seule conséquence que de noyer l'interlocuteur et de lui faire perdre de vue les informations prioritaires à retenir.

- **Choisir entre deux types d'approche**

Pour communiquer sur un produit difficile, élitiste ou complexe, deux types d'angles peuvent être donnés à la stratégie de relations presse :

- privilégier des informations rationnelles. La campagne cible alors des journalistes spécialisés, de haut niveau, qui connaissent parfaitement le sujet traité. L'écueil possible ? Une communication un peu austère ;

- privilégier l'illustration et les opérations concrètes. La campagne s'inscrit alors dans une communication plus sensible, plus métaphorique, reposant sur des témoignages et des cas concrets (un événement allégorique, un film…). Le risque ? Être débordé par « l'atmosphère » créée et sortir de son cadre identitaire sans parvenir à transmettre un message clair.

- ***Identifier le spécifique sur un marché concurrentiel***

À l'inverse, lorsqu'un produit plus courant cherche à pénétrer un marché saturé, il faut comprendre ce qui peut le distinguer. Pour cela, l'étude des produits adverses permettra d'identifier leurs manques et de relever les avantages concurrentiels dont peut se prévaloir la marque défendue. Autre facteur de différenciation essentiel : l'identité *Corporate* qui porte le produit. Il faut le relier à son « âme » pour le distinguer !

Les relations entre l'entreprise et son agence

Comment caractériser les nouvelles relations annonceur-agence ?

Les nouvelles relations annonceur-agence sont au cœur de l'évolution des relations presse. Longtemps relégué dans le champ du « hors-médias », ce métier n'a cessé de se professionnaliser et de gagner en subtilité.

L'agence de relations presse ne doit plus se contenter d'être un prestataire de l'entreprise ; elle s'affirme désormais comme son *partenaire*.

En collaboration avec le directeur de communication, l'agence participe à la définition de la stratégie de communication : elle l'ajuste en fonction du message, de sa cible et de la visée de l'entreprise. Ses principales qualités : la réflexion, le conseil, mais aussi la souplesse et l'adaptation. En dernier ressort, c'est l'agence qui garantit avec fermeté – et non rigidité – le suivi du plan de communication, tout en s'adaptant aux circonstances et aux changements contextuels ; sans pour autant altérer la visée de l'entreprise !

Quel est le rôle d'une agence ?

• *Valeur ajoutée*

L'agence doit aider à exprimer la valeur ajoutée de l'entreprise. Tout en écoutant attentivement le directeur de Communication et les différents porte-parole de l'entreprise, elle établit un dialogue permettant de déceler les non-dits. L'agence révèle ainsi ce que les acteurs internes n'ont pas discerné.

• *Prendre la parole sur les sujets difficiles*

Grâce à son statut externe, l'agence peut prendre la parole sur des zones à risque en épaulant, voire en secondant, le directeur de communication. C'est pourquoi une véritable *confiance* doit exister entre ces deux *partenaires*.

• *Porte-parole et charte de comportement*

L'agence crée une *charte de comportements* des acteurs internes qui participeront à la mise au point du message et à sa transmission. Elle aide également le directeur de la communication dans le choix des porte-parole, lesquels, tout en endossant des rôles différents, demeureront complémentaires.

Du fait de son extériorité vis-à-vis de l'entreprise, l'agence détient les capacités de regarder l'annonceur sous un angle différent : elle remédie en ce sens à la partialité du jugement des acteurs internes.

Cf. Exemple d'une charte de comportement entre un annonceur et son agence p. 287 en annexe.

• *Garantir la transmission interne des informations*

Le partenariat établi avec le directeur de communication permet de déceler les induits des messages émis. Il évite également que certaines informations ne soient retenues à l'intérieur de l'entreprise, et convainc de la nécessité de faire de certains des acteurs de l'entreprise des porte-parole aux discours spécifiques, mais complémentaires.

• *Mettre en scène*

À travers ses différents rôles, l'agence joue, avec le directeur de la communication, le rôle d'un metteur en scène :

- elle participe au plan de communication ;
- elle établit la stratégie des messages ;
- elle prévoit leur diffusion ;
- elle identifie les justes cibles ;
- elle assure une liaison cohérente avec les autres stratégies : pub, marketing, événementiel, mécénat...

Bref, elle crée de l'ordre et fixe les priorités !

Quel est le rôle du directeur de la communication ? Peut-il éviter d'être l'unique porte-parole ?

• *Le directeur de la communication n'est pas l'unique porte-parole...*

Le rôle d'un directeur de la communication n'est pas de prendre seul la parole, mais bien plutôt de savoir la déléguer auprès des différents porte-parole de l'entreprise qu'il aura choisis.

En revanche, il est important que le directeur de la communication garde le suivi et le contrôle de la communication. On ne saurait trop lui conseiller d'assister systématiquement aux rendez-vous journalistes, en compagnie du porte-parole désigné : il assurera ainsi la cohérence des discours et portera les ajustements nécessaires éventuels.

• *... mais un metteur en scène*

Le rôle d'un directeur de la communication est de coordonner. En ce sens, on peut comparer son travail – mais également celui de l'agence – à celui du « metteur en scène du théâtre des médias » : pour bâtir la meilleure pièce possible (la visée de la stratégie de communication), il décide du scénario (le plan de communication) et choisit les acteurs (les porte-parole) en détectant les meilleurs talents pour le rôle qui leur est assigné. En fonction des événements, il ajuste le scénario, corrige les acteurs et les aide à se fortifier !

Les agences peuvent-elles être les porte-parole de l'entreprise et se substituer à elle pour apporter un message spécifique et personnalisé ?

• *Par principe, non !*

Le rôle d'une agence n'est pas de se substituer à l'entreprise et de prendre la parole à sa place. C'est pourtant le cas aujourd'hui, où le discours de certaines très grosses entreprises est entièrement pris en charge par une agence externe.

Les limites d'une telle démarche sont évidentes : le « qui » devient flou, et l'identité de l'entreprise se fond avec celle de l'agence ; or, la pluralité d'émetteurs ne peut être que source de confusion. S'ajoute à cette incertitude la dématérialisation de la parole : un discours extérieur manque de chair et de personnalité. Enfin, quelle est la crédibilité d'une agence en comparaison de celle véhiculée par l'entreprise ? La presse préférera toujours s'entretenir directement avec l'entreprise plutôt qu'avec son intermédiaire, aussi bon soit-il !

• *En pratique, jouer sur la complémentarité et travailler de concert*

Si l'entreprise et ses porte-parole sont toujours ceux qui communiquent en premier, l'agence peut en revanche répéter le discours et re-contextualiser *a posteriori* ce qui a été dit. Elle dispose elle aussi d'un espace de communication autonome, mais doit veiller à ne pas outrepasser ses fonctions.

Sa tâche principale reste en effet la relation avec la presse et son suivi : elle identifie les contacts journalistiques, organise les rencontres et assure le *reporting* – le « service après-vente », en quelque sorte. En amont, elle a également pour rôle de définir la stratégie de communication avec le directeur de la communication et d'identifier les porte-parole pour, justement, avoir toujours un interlocuteur de l'entreprise à placer face à la presse.

- **Le plus : dire le off**

Petite entorse à la règle que peut s'autoriser une agence : le *off*. L'avantage d'une agence est en effet sa liberté de prise de parole, et l'entreprise doit savoir en profiter : parfois, l'agence pourra livrer des informations que l'entreprise n'a pas dites, ou qu'elle ne peut pas dire !

Comment créer la cohérence des prises de parole et gérer la pluralité des porte-parole ?

Gérer la pluralité des prises de parole suppose une organisation sans faille et la mise au point de différents outils permettant d'assurer la cohérence des discours.

- *Établir une matrice argumentaire*

La matrice argumentaire liste les points essentiels du discours de l'entreprise : elle définit ses éléments fondateurs en s'appuyant sur son identité (le qui), ses savoir-faire (le quoi, ce qu'elle fait) et ses atouts. Document de référence pour l'établissement de tous les messages de l'entreprise, la matrice argumentaire crée une cohérence sur les grandes lignes de communication de l'entreprise.

• *Réaliser un dossier de presse*

En complément de la matrice argumentaire qui reste un support de travail interne, le dossier de presse joue un rôle similaire, mais sous une forme opérationnelle et communicable. Il explique aux journalistes l'identité de l'entreprise et définit les différents thèmes de sa communication. Mais il peut également servir aux différents porte-parole de l'entreprise qui, avant toute communication, pourront l'utiliser pour se remémorer précisément les principaux points du discours de l'entreprise.

• *Une charte de comportement commun*

La charte de comportement est indispensable, car elle définit qui fait quoi, fixe des règles partagées de comportement face aux publics extérieurs et organise le travail de manière complémentaire et hiérarchisée entre les différentes entités et porte-parole de l'entreprise : les régions, les filiales, la maison mère… et les agences externes comme celle de relations presse.

• *Des porte-parole spécifiques pour chaque thème de communication de l'entreprise*

En nommant des porte-parole dédiés à chaque thème de communication, l'entreprise parvient à illustrer de manière personnalisée la diversité de ses sujets abordés. Toute l'importance réside dans leur capacité à se relier à l'identité de l'entreprise et à son discours commun pour garantir la cohérence. La matrice argumentaire, le dossier de presse, la charte de comportement commun… et les conseils avisés du directeur de la communication et de l'agence y contribueront grandement !

Cf. Exemple des types d'intervention d'une agence de relations presse p. 288 en annexe.

Cinq petites histoires
et
le mot de la fin

À travers ce livre, j'ai voulu affirmer l'idée selon laquelle les relations presse sont devenues un véritable métier animé par des professionnels et reposant sur des méthodes précises. Les « RP » d'hier qui faisaient figure de parents pauvres des métiers de la communication appartiennent bien à une époque révolue.

Pour illustrer cette professionnalisation associée à une crédibilisation toujours plus grande des « RP », je voudrais, pour conclure, témoigner de la conscience des annonceurs de ce phénomène : fini le temps où ils s'interrogeaient sur ce qu'étaient ou sur ce que pouvaient leur apporter les relations presse, ils se questionnent désormais sur des points spécifiques, techniques, qui illustrent leur parfaite appréhension du métier. L'heure est à l'optimisation des stratégies, comme le montrent les quelques témoignages concrets que j'ai pu noter dans mon « cahier d'étonnement » – une vieille habitude liée à mes activités parallèles d'intervenantes en universités ! – au cours des différentes missions de RP qu'il m'a été donné l'occasion de conduire.

Le second point, et le dernier, sur lequel je souhaiterais insister avant de refermer ce livre, n'a jusqu'ici pas été traité. Si, comme j'ai cherché à le démontrer, les relations presse sont un véritable métier de professionnels, il n'en reste pas moins qu'elles demeurent aussi un métier de passion et de combat : mener une campagne de RP est souvent dur et, quelles que soient les méthodes que l'on applique, la passion du contact et une farouche volonté de convaincre et de séduire restent déterminantes pour réussir. Il faut aimer aller à la rencontre des gens, être persuadé de la qualité de son dossier et savoir faire partager son enthousiasme ; c'est aussi à cette condition que l'on parviendra à conquérir la presse et les prescripteurs d'opinion. On trouvera donc à la suite des témoignages des annonceurs, quelques brefs exemples de cette passion par le biais de campagnes atypiques, mais réussies grâce au talent, l'imagination et la volonté de ceux qui les ont bâties.

Et les clients dans tout cela ?!

Un client averti qui s'interroge

À travers les quelques cas ci-dessous, transparaissent les questions que se posent les annonceurs. L'objet n'est pas ici d'apporter des réponses (les *questions difficiles* sont traitées plus tôt dans cet ouvrage), mais bien de témoigner des attentes et des craintes des clients.

Faire face à la complexité…

Avec l'ouverture à la concurrence du marché de l'énergie en France et en Europe, de nouvelles sociétés se sont lancées sur un secteur traditionnellement réservé aux seuls acteurs publics. L'une des difficultés pour ces entreprises privées résidait dans la nécessité de se faire connaître et de valoriser leurs ambitions sur un domaine d'activité qui ne faisait pas débat jusque-là. Certaines d'entre elles ont alors opté pour une campagne de relations presse, et l'une de ces sociétés nous a confié ses interrogations, non pas sur l'utilité même d'une campagne de presse, mais sur l'orientation et les moyens à mettre en œuvre pour qu'elle soit efficace : « *nous évoluons sur un secteur, l'énergie, extrêmement complexe et peu connu du grand public. Pensez-vous que votre agence saura, d'une part comprendre notre complexité, d'autre part réussir à transmettre notre message et convaincre nos interlocuteurs ?* » Autre crainte, tout aussi légitime, celle liée aux cibles qu'il lui fallait conquérir : « *notre domaine d'activité a beau être stratégique, il ne touche que de très loin le grand public. Bien sûr nous avons besoin d'être médiatisés, mais qui devons-nous viser ?* »

Quand les identités se culbutent

Être talentueux et muti-facettes, la plupart du temps, constitue un avantage certain. Sauf dans certains cas de communication… Je fournis ici l'exemple d'un spécialiste des Ressources humaines, expert reconnu dans son domaine d'intervention, qui était également… un excellent chanteur-compositeur de variété ! Entre deux ouvrages savants sur les RH, il n'était pas rare de le voir enregistrer un disque, ou pousser la chansonnette le week-end, en famille et parfois en concert. Je connaissais bien l'homme, éminemment sympathique et dont j'avais la charge d'assurer les relations presse, pour l'aspect Ressources humaines j'entends. Jusqu'au jour où il arriva, triomphant dans mon bureau, pour me demander, un disque à la main, de le faire inviter sur… le plateau de Michel Drucker ; avec toutefois cette pointe d'hésitation : « *pensez-vous que je puisse apparaître tel quel dans les médias, et associer mes compétences en RH à mes talents de chanteur ?* » Il avait déjà répondu à demi-mot à la question qu'il me posait…

La contrainte du temps

Au sein des cabinets de conseil, comme dans la plupart des petites agences, la réactivité et la gestion du temps sont un problème récurrent. Or, l'un de ces cabinets dont la taille devenait suffisante pour envisager sérieusement une médiatisation par le biais d'une campagne de relations presse, avait une crainte : « *nous voulons rencontrer des journalistes et nous faire connaître, c'est une évidence. Nous sommes donc prêts à travailler avec une agence, mais il faut qu'elle nous fasse gagner du temps, beaucoup de temps. À combien estimez-vous notre part de travail, en plus de votre médiation ?* » On le voit, cette entreprise avait bien compris, d'une part que les relations presse étaient affaire de professionnels pour qu'elle soient efficaces et point trop « chronophages », d'autre part qu'elles supposaient un réel investissement, et pas seulement financier. D'autant plus, comme le soulignait ce client qui avait décidément bien saisi la difficulté du métier, que « *non seulement il nous faut gérer la diversité des journaux et des journalistes, mais en plus, nous devons assurer la cohérence face à la pluralité de nos porte-parole !* ».

Une identité en perpétuelle évolution

Nous eûmes un jour l'occasion de travailler avec une jeune entreprise spécialisée dans le biotech et devant faire face (la pauvre !) à un succès grandissant. Il lui fallait donc communiquer et expliquer plus en détail qui elle était et ce qu'elle faisait : derrière le vocable « biotech », se cache des réalités multiples, le plus souvent complexes pour le grand public, voire pour certains acteurs spécialisés ! Mais après avoir pendant un temps assuré par elle-même sa médiatisation, cette jeune société avait fini par estimer risquée une telle solution :

« on a développé en interne notre communication, mais à la suite de mauvaises surprises dans la presse sur notre identité, nous avons compris qu'il nous manquait des outils réellement professionnels : une vraie logique de communication, appuyée par un dossier et des communiqués de presse bâtis avec logique et cohérence. » S'ajoutait à ce constat une crainte, celle de ne pouvoir faire correspondre la logique d'un plan de communication avec l'actualité foisonnante de l'entreprise : *« nous développons sans relâche et sommes différents d'un mois sur l'autre : comment se doter d'un plan de communication qui soit cohérent et fidèle à notre identité, et qui puisse dans le même temps se montrer réactif et adaptable à nos nombreux aléas ? »* Ou comment créer le sens et la cohérence dans un univers fluctuant…

Entre « com Fi » et « com Produits », la nécessaire concordance des temps

Lorsque l'on est une brillante SSII et que les succès amènent l'entreprise à rentrer en bourse, sur le second marché en l'occurrence, de nouvelles difficultés se posent en termes de communication. Cette jeune société qui nous avait confié ses relations presse connaissait un rythme élevé de développement Produits, ce qui avait pour conséquence le risque de faire se chevaucher la communication financière et la communication Produits : *« lorsque l'on est en bourse, les contraintes en matière de communication financière sont importantes : certaines informations doivent faire obligatoirement l'objet d'une publication, et il ne faut pas les « polluer ». Comment donc éviter que la « Com Fi » ne bloque tous les discours sur le développement et nos savoir-faire ? ».* Autrement dit, comment parvenir à faire entendre un double message, sans que l'un ne phagocyte l'autre ? À cette question s'ajoutait un autre point, celui de la non-concordance des temps entre la « com Fi », traditionnellement orientée vers des résultats passés, et la « com Produits », qui évoque le présent et trace des perspectives d'avenir à travers le produit qu'elle promeut. Il y aurait en effet problème à annoncer des résultats décevants, voire inquiétants, tout en lançant un nouveau produit sensé augmenter la profitabilité de l'entreprise !

Le dire sans trop en dire

Un cas particulièrement difficile nous a un jour été présenté à travers une société spécialisée dans le phytosanitaire animal. « *Nous avons un réel besoin de nous faire mieux connaître et de valoriser nos produits mais, pour ce faire, il nous faudrait nécessairement dévoiler certains éléments confidentiels de notre R&D. Et il en est hors de question… Comment donc pouvons-nous procéder pour faire parler de nous, évoquer notre domaine d'activité et nos interventions, sans pour autant trop en dire ?* » En de tels cas, la solution repose bien souvent sur une stratégie de contournement, par le biais d'actions symboliques comme du mécénat ou l'organisation d'événements !

Cinq petites histoires
Quand la passion s'en mêle

En guise de message final, conclure sur la nécessaire passion me semble une évidence. Les méthodes sur lesquelles j'ai tant insistées resteront toujours lettre morte si la conviction, l'imagination, l'enthousiasme, la curiosité et le goût du contact ne viennent pas les inspirer. En un mot, il ne faut pas oublier que derrière l'appellation « relations presse » se cache le terme… « relation ». Et cette relation, c'est bien au chargé de communication de la mettre en scène. Si l'on file la métaphore du théâtre, il est d'ailleurs utile de rappeler qu'un bon acteur ne se contente jamais de réciter un texte : il fait corps avec lui et se l'approprie pour le transmettre avec la plus grande vigueur. Il en va de même pour les relations presse, et les quelques cas brièvement présentés ci-dessous viendront, je l'espère, illustrer ce propos.

Napoléon est mort à Sainte-Hélène. Assassiné !

Quand j'affirme que le métier de relations presse est un métier de rencontres et de contact, quel meilleur exemple donner que celui qui m'est arrivé avec Napoléon ? Je reçus un jour l'appel d'un Canadien étonnant, Ben Weider, qui me parut des plus saugrenus au premier abord : ce milliardaire, président de la Fédération internationale de body-building, avait fait fortune dans les machines de musculation, et prétendait... avoir découvert que Napoléon avait bel et bien été assassiné ! Mais une fois les détails de l'affaire connus, le discours de mon interlocuteur me parut beaucoup plus sensé. Pour faire simple, ce passionné de Napoléon, auteur de nombreux ouvrages sur le sujet, s'était procuré des cheveux de l'Empereur, les avait fait analyser par des laboratoires américains (dont le FBI)... les conclusions étaient sans appel quant à la présence d'arsenic dans les favoris de l'Empereur !

Nous étions alors en pleine fête sur le bicentenaire de l'aventure napoléonienne, et l'historiographie française restait enfermée dans ses incertitudes sur les causes exactes du décès, et hermétique à toute proposition extérieure. Il faut dire qu'un auteur canadien, non historien de formation et utilisant des méthodes étrangères au sérail historiographique – une proposition au lecteur de voter en faveur de telle ou telle thèse venait clore l'ouvrage *Napoléon a-t-il été assassiné ?* – n'avait pas de quoi soulever l'attention des chercheurs français. Nous avons donc décidé de provoquer le débat et de le faire sortir de son cadre traditionnel : une conférence a été organisée au Sénat rassemblant, face aux journalistes, VIP et autres prescripteurs d'opinion, des toxicologues et des spécialistes reconnus de la médecine légale. Objectif : faire parler les faits et lancer la polémique. Le résultat dépassa nos espérances : des télévisions du monde entier (américaine, canadienne, japonaise...) assistèrent à l'événement, et les retombées presse furent considérables. Le débat était lancé, ne restait plus aux spécialistes qu'à trancher...

Entre glamour et technique : créer un nouveau regard

J'eus la chance, il y a quelque temps, de collaborer avec le groupe RHODIA, qui souhaitait alors remettre au goût du jour un matériau largement utilisé au quotidien, mais ignoré par une bonne partie du grand public : le polyamide. Inventé dans les années 30, ce matériau technique permettait, pour la première fois, de fabriquer des fils artificiels, qui plus est extrêmement résistants, et son utilisation allait progressivement conquérir de très nombreux domaines d'activité. En étant le deuxième producteur mondial de ce type de matériau, RHODIA avait logiquement pour volonté de rappeler son existence et d'en souligner l'extraordinaire technicité.

Pour ce faire, nous avons choisi une approche volontairement décalée, en insistant sur le caractère quotidien et grand public d'un matériau que pourtant peu de personnes connaissaient réellement. Le dossier de presse adoptait ainsi un double aspect : classique d'un côté, avec une présentation institutionnelle de la division Polyamide de Rhodia ; plus originale de l'autre, avec différentes fiches illustrant la place du polyamide dans la vie de tous les jours : à la maison avec les ustensiles de cuisine, l'aspirateur ou la moquette ; au sport au travers des rollers ou des cordages de haute montagne ; dans le textile enfin pour la fabrication de vêtements et de sous-vêtements. La conférence de lancement de la campagne de RP fut d'ailleurs organisée… au musée Galliera de la mode ! Avec cette action, nous voulions clairement créer un nouveau regard sur le polyamide, moins technique et plus séducteur, apte à séduire également les lectrices de *Elle*… Bref, créer du glamour autour d'un produit de techniciens, et jusque-là traité comme tel !

Elle court, elle court la rumeur…

Lorsque nous avons travaillé avec l'Hôpital américain de Paris il y a une dizaine d'années, le déficit d'image de ce fameux établissement médical de Neuilly était saisissant. Les préjugés à son encontre étaient si nombreux, qu'alors même que nous débutions la campagne de relations presse, une journaliste m'avait lancé au visage : « *et alors, et votre hôpital de m… !?* ». Parfaitement déplacé (d'autant plus que cette personne ne s'était jamais rendue à l'Hôpital américain de Paris), ce propos avait le mérite de résumer la situation générale : une clinique que la rumeur avait condamnée comme dangereuse, sans pourtant qu'aucune erreur médicale n'ait jamais été démontrée. Les études de la JCAHO (la commission américaine de contrôle des établissements de soins, rapidement suivie par l'ANAES française) avaient d'ailleurs conclu à la parfaite conformité de la clinique et des soins qui y étaient prodigués.

Si les attaques se concentraient sur la qualité des interventions médicales, les raisons des problèmes d'image rencontrés par l'Hôpital américain étaient ailleurs. Elles reposaient pour une bonne part sur une incompréhension culturelle : dans un pays, la France, où il est couramment admis que le modèle de santé est exemplaire, comment accepter une autre approche, qui plus est américaine ? Or l'Hôpital américain de Paris obéissait à un mode de fonctionnement américain, et avait le tord d'utiliser l'appellation « hôpital », qui renvoie au service public en France, mais au secteur privé aux États-Unis.

L'une des premières actions que nous conduisîmes pour le compte de l'AHP fut donc de replacer le débat par le biais d'un dossier de presse abordant frontalement les questions sensibles, et au premier rang desquelles le rapport à l'argent : les soins étaient certes coûteux, mais l'Hôpital américain ne touchait aucune subvention publique, vivait de ses recettes et de ses dons, était agréé par la Sécurité sociale, et fonctionnait sous le mode d'une association à but non lucratif (supposant le réinvestissement de tous les bénéfices dans l'Hôpital et l'absence de dividende, à l'inverse des cliniques françaises). Du côté médical, outre les conclusions extrêmement positives des études menées par la JCAHO, nous avons cherché à souligner que les plateaux médicaux étaient d'une rare qualité (équivalents à ceux de Beaujon, référence en la matière), et que l'évaluation tous les deux ans des 500 médecins de l'hôpital leur faisait systématiquement courir le risque de perdre leur place en cas de mauvais résultats. Enfin, on y constatait trois fois moins de maladies nosocomiales que dans les établissements publics français...

Pour relayer ce discours, la stratégie de relations presse fut conquérante, mais aussi porteuse : toutes les semaines, un journaliste était invité à visiter de fond en comble l'Hôpital. Pendant toute une matinée, le directeur lui-même consacrait quatre heures de son temps à la presse, répondait aux questions, et insistait sur les points que nous avions identifiés comme susceptibles d'inverser la perception envers l'Hôpital. Un vrai investissement en temps, à la hauteur de la difficulté à lutter contre la rumeur !

Les 24 heures d'Albert Gleizes

Le métier de relations presse a cela de passionnant qu'il vous fait toucher des sujets aussi divers que passionnants, et parfois relativement originaux. J'eus ainsi à conduire une campagne « coup de poing » sur Albert Gleizes, l'artiste français ayant le premier théorisé le cubisme après les premières pistes esquissées spontanément sur la toile par Cézanne. Tout le problème résidait dans cette réappropriation du cubisme à Gleizes, alors que l'historiographie artistique l'avait prioritairement attribué d'abord à Cézanne, puis à Picasso – ce dernier affirmant pourtant se servir du cubisme, mais sans être lui-même *cubiste*, à l'inverse de Gleizes.

Pour cela, nous avons décidé d'une opération extrêmement brève, mais marquante : grâce à la Fondation Albert Gleizes et à l'action éclairée de son président Michel Massenet, les toiles les plus significatives du peintre furent ressorties et accrochées pendant 24 heures, pas une de plus. Pourquoi une durée aussi courte, me demanderez-vous ? Avec un événement aussi bref dans le temps, on créait la rareté et l'on provoquait la curiosité des journalistes, directeurs de musée, artistes et autres prescripteurs d'opinion grâce au caractère éphémère de l'opération. C'est ainsi que cette action parvint, tout en limitant l'enveloppe budgétaire, à créer de l'« agit propre » et à sensibiliser au rôle majeur d'un artiste malheureusement minoré.

Communiquer sur un sujet sensible

La communication littéraire n'est jamais évidente, particulièrement sur un thème, la Shoah, où les sensibilités sont à fleur de peau et la littérature abondante. Mais l'ouvrage[1] qui me fut présenté par Michel Desgranges, PDG des éditions Belles Lettres, était si bouleversant et profond qu'un vrai combat méritait d'être mené pour son compte. L'auteur, Christopher Browning, retraçait en effet un événement isolé de la Seconde Guerre mondiale, mais particulièrement symptomatique du comportement humain et des atrocités qu'un groupe peut commettre par « entraînement collectif » : alors que plusieurs Juifs étaient réunis dans un village, un seul soldat allemand va parvenir à convaincre le reste de ses comparses de commettre le pire... Une illustration concrète de la banalité du mal chère à Hannah Arendt.

Le problème qui se posait avec cet ouvrage était de parvenir, non seulement à le faire émerger de la masse des publications émises sur le sujet, mais aussi à le faire exister alors que *La Liste de Schindler* de Spielberg s'apprêtait à sortir sur les écrans. Heureusement, outre sa richesse intrinsèque, ce livre bénéficiait d'un appui de taille avec Eli Barnavi, alors directeur du département Histoire de l'Université de Tel-Aviv (et quelque temps après, nommé ambassadeur d'Israël en France), traducteur de l'ouvrage de l'anglais au français.

L'opération de relations presse menée constitua un véritable travail d'orfèvre : il fut d'abord décidé que le livre sortirait une semaine avant *La Liste de Schindler* afin de profiter de « l'actualité » du sujet pour les journalistes, sans pour autant être mangé par la sortie d'un film événement. Ensuite, quarante journalistes et prescripteurs d'opinion furent sélectionnés (entre autres, Anne Sinclair, Jean-Marie Cavada, Alain Finkielkraut, Josiane Savigneau...), et quarante messages spécifiques furent bâtis de manière à ce que le propos soit toujours adapté à la cible à laquelle il s'adressait. Enfin, nous obtînmes la collaboration étroite d'Eli Barnavi pour la campagne de

---

1. Christopher Browning, Des hommes ordinaires, éditions Les Belles
   Lettres, 1994.

presse. Il vint exprès de Tel-Aviv et, trois jours durant, nous prîmes rendez-vous auprès des rédactions de tous les titres les plus importants de la presse française : *Nouvel Observateur, Express, Figaro*... Eli Barnavi et moi ne nous quittions plus, tout au service d'une campagne d'influence que nous estimions passionnantes... et qui fut des plus efficaces : *7 sur 7, la Marche du Siècle, France Culture* ou *le Nouvel Observateur*, furent quelques-uns des médias les plus renommés qui accordèrent une large place à l'ouvrage. Notre plus belle récompense fut pourtant les mots de félicitation et de remerciements que nous reçûmes d'Alain Finkielkraut et d'Anne Sinclair pour la qualité de l'ouvrage et de sa mise en scène. Comme quoi, lorsque la passion et l'enthousiasme vous font rendre unique le sujet que vous avez décidé de promouvoir, l'enthousiasme est communicatif et les résultats suivent !

Le mot de la fin

Voilà.

Je suis ravie d'avoir terminé par ces petites histoires ...

J'espère qu'elles content la magie de ce métier, lié à la rigueur, à la méthode, à la créativité et la bonne humeur.

Soyez rigoureux, drôle et convaincu et vous réussirez !

Annexes

Exemple d'argumentaire de communication
de la société ENVIRONNEMENTOR

Une démarche citoyenne et volontaire

Le projet Environnement est un projet de réhabilitation globale du site Belle Vallée, qui prend en compte l'aspect économique, l'aspect environnemental et l'aspect social du problème posé.

Aucun autre acteur, qu'il soit public ou privé, ne propose un projet aussi abouti que le projet Environnement.

ENVIRONNEMENTOR propose un projet avec des retombées bénéfiques pour tous : la région, la collectivité, les anciens de la société CORPORATION LTD et des autres entreprises du bassin, les entreprises de la région.

Le projet Environnement n'est pas uniquement un projet économique : au-delà des questions de rentabilité, l'initiative de ENVIRONNEMENTOR se distingue par son ambition sociale et culturelle pour la région.

Une démonstration technique

Le niveau de pollution sur le site fait de son assainissement une démonstration du savoir-faire de ENVIRONNEMENTOR, qui motive toutes les équipes de l'entreprise.

Seul ENVIRONNEMENTOR possède l'expertise et les moyens de mener à bien ce travail de dépollution.

Quelles que soient les difficultés, il est urgent de dépolluer le site, pour une question de santé publique ; les médias se font largement l'écho de cette urgence.

Une solution environnementale complète

Le site constitue actuellement un réel danger sanitaire, et sa dépollution constitue déjà un net progrès pour l'environnement de la région.

Outre cet engagement à faire de Belle Vallée une zone propre, ENVIRONNEMENTOR est prêt à s'associer à d'autres initiatives visant à dépolluer les terres voisines de Belle Vallée.

Pour une dépollution en profondeur du site, toutes les procédures existantes seront utilisées, de la déconstruction des matériels amiantés jusqu'à l'excavation et au traitement des terres les plus polluées.

> La reconversion du site sera une vitrine de toutes les technologies des éco-industries : plate-forme de tri, unité de recyclage des pneumatiques usagés, démantèlement des équipements électroniques en fin de vie…

Un projet économique ambitieux, mais rentable et réaliste

La création d'une « filière dépollution » sur le site est inspirée d'une visée économique réaliste : vu les pollutions présentes dans la région, et connaissant les nouvelles préoccupations environnementales, c'est un marché porteur.

ENVIRONNEMENTOR est prêt à accueillir et à promouvoir d'autres activités dynamiques sur le site.

Par sa renommée, ENVIRONNEMENTOR devrait, à terme, attirer d'autres grands noms de l'industrie sur le site.

Actuellement, le site conserve une richesse : ses connexions fluviales et ferroviaires. En les valorisant, et en acceptant de les partager avec d'autres industries, le site s'offre un atout économique non négligeable.

En travaillant parcelle par parcelle, le coût de la dépollution est supportable.

Une grande envergure sociale

La création de nombreux emplois *in situ* permet un reclassement réel de nombreux ex-salariés de CORPORATION LTD, ainsi que le retour à l'emploi pour d'autres chômeurs de la région.

Les emplois créés sont destinés à être durables, les éco-industries et les marchés afférents étant destinés à se développer.

Les niveaux de qualification des nouveaux emplois créés sur le site sont comparables à ceux de CORPORATION LTD.

Il est prévu de former les personnels à leurs nouveaux métiers.

La dimension humaine de la reconversion est prise en compte à tous les niveaux du projet, par exemple à travers un souci de concertation et d'implication des anciens salariés de l'usine dans les différents projets.

Avec le projet de pépinière d'entreprises, ENVIRONNEMENTOR compte accompagner et soutenir les projets de micro-entreprises des anciens employés de CORPORATION LTD.

Un projet tourné vers l'avenir

La dépollution est un projet à long terme, indispensable au futur essor économique du site que ENVIRONNEMENTOR s'engage à initier.

En développant la filière dépollution, l'objectif est de créer une sorte d'« Environment Valley », à la pointe des techniques et unique en Europe.

La création d'une école et d'une pépinière d'entreprises ouvre le site aux jeunes, aux étudiants et aux entrepreneurs.

Un projet positif pour l'image de la région

L'originalité et le dynamisme du projet contrebalancent l'image négative laissée par la fin de CORPORATION LTD : on parlera du site pour annoncer des créations d'emplois et non plus des licenciements.

Le nom de Belle Vallée est connu de tous, et la reconversion du site dans les éco-industries constitue un retournement de situation frappant, très bénéfique en termes d'image.

La reconversion du site dans la filière environnement est susceptible d'être montrée en exemple aux autres friches européennes.

Le projet Environnement met en valeur la situation géographique du site et ses infrastructures qui le relient par des moyens de transport peu polluants (chemin de fer, canaux) au reste de l'Europe.

Le site accueillera une filière, des technologies et des métiers de pointe, et entrera de plain-pied dans l'aspect le plus actuel et le plus moderne du XXIe siècle.

Un projet qui valorise le patrimoine et la culture de la région

La création du musée des Belle Vallée, dans la Tour à Plomb, permettra de retracer un siècle d'histoire du site de Belle Vallée.

La conservation de la Tour à Plomb permet de maintenir son identité au site, fondatrice de l'identité de la région.

L'histoire du site est assumée, et l'implantation de nouvelles activités signifie simplement qu'une page est tournée.

Exemple de sommaire d'un dossier de presse ayant évolué d'une année sur l'autre

LANGUES SA

Dossier de presse année 1

Sommaire

Langues SA

Dossier de presse année 2

Sommaire

Exemple de communiqué de presse « Nominations »

Logo DOINEL CONSEIL

Communiqué de presse
15 septembre 2002

LE CABINET DOINEL CONSEIL DÉVELOPPE LE RECRUTEMENT D'ADMINISTRATEURS INDÉPENDANTS EN FRANCE

Le spécialiste mondial du recrutement de dirigeants et de cadres supérieurs renforce son pôle Industriel par l'arrivée de X, conseiller référendaire à la Cour des comptes et ex-collaborateur du ministère de l'Industrie.

Un spécialiste de l'industrie et du secteur public

Une expérience reconnue dans le secteur de l'industrie

Cet HEC de 53 ans rejoint DOINEL CONSEIL comme Directeur et Senior Vice-Président afin de consolider et développer les recrutements d'administrateurs indépendants et de dirigeants dans les secteurs Industries et Service public.

Son arrivée correspond à la volonté du cabinet DOINEL CONSEIL de développer en France son activité de recrutement d'administrateurs indépendants. Cette activité existe depuis longtemps aux États-Unis, en Angleterre et en Allemagne. Elle devrait connaître prochainement une forte croissance en France : comme va le confirmer le rapport Smith, la présence d'administrateurs indépendants dans les conseils d'administration de grandes entreprises vise à mieux garantir la transparence des comptes et la défense des intérêts des actionnaires.

Le renforcement des activités de recrutement d'administrateurs indépendants du cabinet X

Né le 19 décembre 1957, M. Antoine bénéficie d'une expérience ministérielle de premier plan dans le domaine de l'industrie : successivement conseiller technique auprès de M. Laurent de novembre 1989 à mai 1993, chargé de mission auprès de M. Denis de juin 1993 à février 1996, puis à nouveau conseiller technique de mars 1996 à décembre 1999 auprès de M. Thierry, M. Antoine apporte au cabinet DOINEL CONSEIL sa très grande connaissance du milieu de l'industrie française. Conseiller référendaire à X depuis (date), il a rejoint le cabinet X en septembre 2002.

Le cabinet DOINEL CONSEIL en quelques mots

*Une société
à l'origine
du métier de
« chasseur de
têtes » et pré-
sente sur les cinq
continents.*

Depuis plus de 50 ans, DOINEL CONSEIL est l'un des principaux cabinets de conseil en recherche de cadres dirigeants et d'administrateurs indépendants dans le monde.

Les consultants sont spécialisés par pôles : Finances, Industrie, Technologie, Santé et Services, Produits de grande consommation et produits de luxe, Juristes/Fiscalistes.

DOINEL CONSEIL s'organise mondialement autour de trois activités :

- la chasse de têtes : dirigeants, cadres supérieurs et administrateurs indépendants ;

- l'Interim Management : missions opérationnelles et temporaires de management ;

- le leadership Assessment : évaluation des équipes managériales.

DOINEL CONSEIL dispose d'un bureau à Paris et à Lyon.

Créé en 1975 et présent dans 48 pays à travers 465 bureaux et 1 125 chasseurs de têtes, le cabinet DOINEL CONSEIL a réalisé en 2004 un chiffre d'affaires de plus de 15 millions d'euros et conduit plus de 2 000 missions.

<u>Contact presse</u> :
Société
Prénom – Nom
Adresse
Téléphone – Fax
Mail

Autre exemple de communiqué de presse
« Nominations »

Logo DOINEL CONSEIL

Communiqué de presse
15 septembre 2002

NOMINATION

La société DOINEL CONSEIL, leader mondial de la Transition de carrière et du Conseil en management, annonce l'évolution de ses instances dirigeantes en France et en Europe.

- **M. Antoine, jusqu'alors Directeur général de la société X, filiale Conseil en management, devient Vice-président Conseil Europe.**

  Il reste Directeur général Conseil France et sera aussi membre de l'équipe dirigeante française et européenne.

  Au sein de ses nouvelles fonctions, il prendra plus particulièrement la responsabilité du développement du marché du Conseil en Espagne, en Italie et en Suisse.

  Titulaire d'un diplôme en Économie et Management de l'École supérieure de Londres, M. Antoine pratique le coaching de dirigeants et d'équipes de direction, le conseil en stratégie et en accompagnement du changement depuis plus de vingt ans.

  Il a précédemment occupé, entre autres, les fonctions de Directeur du marketing stratégique de plusieurs sociétés des secteurs bancaire et de la distribution.

- **M. Daulé, jusqu'alors Directeur général de la société X, filiale Transition de carrière, devient Directeur général France.**

  Il sera aussi membre de l'équipe de direction européenne.

  Ingénieur de formation, Docteur en physique chimie de l'université d'État de Californie, M. Daulé a précédemment occupé les fonctions de Directeur du développement Europe de la division Matériaux de AUTO CORPORATION et de Directeur général de sociétés industrielles de biens d'équipement dans de grands groupes internationaux (ELEC LTD, HIFI GROUPE).

À propos de la société X

Fondée en 1975, la société DOINEL CONSEIL, dont le siège est à Montréal, est leader mondial de la transition de carrière et du conseil en management.

Grâce à son implantation internationale (475 bureaux dans 48 pays), la société DOINEL CONSEIL offre une gamme complète de services en transition de carrière et accompagne ses clients afin de les aider à concevoir des solutions personnalisées pour améliorer la performance organisationnelle, le développement du leadership et la gestion des talents.

Le site Internet de la société est www.doinel-conseil.com.

En France, la société DOINEL CONSEIL est représentée par la marque CARRIÈRE CONSEIL pour la Transition de carrière et par la marque MANAGE CIE pour le Conseil en management.

Nos bureaux sont implantés dans les grandes villes de France : Paris, Lyon, Bordeaux, Lille, Rouen, Strasbourg, Nantes, Marseille, Toulouse…

La société DOINEL CONSEIL est une filiale indépendante de NOUVELLE VAGUE CONSEIL.

Contact presse :	**Contact société X :**
Nom agence	Nom société X
Nom consultante	Nom porte-parole
Adresse	Adresse
Téléphone	Téléphone
Mail	Mail

Exemple de communiqué de presse « Success Story »

<u>Logo société</u>

Communiqué de presse Success story
3 mars 2004

2003 : une année positive pour LANGUES SA

Avec des résultats en hausse et un réseau étendu, le travail de LANGUES SA continue à porter ses fruits. Le bilan d'une année placée sous le signe de la consolidation.

DES RÉSULTATS EN HAUSSE

* *Une nouvelle direction*

En mai dernier, **M. Jones a été nommé à la direction générale** du réseau de franchisés français, après avoir été en charge de la direction du développement.

* *Un travail qui porte ses fruits*

LANGUES SA en est à sa troisième année de croissance continue et affiche **un chiffre d'affaires de 28 millions d'euros sur l'année 2003**, avec deux derniers trimestres particulièrement dynamiques.

UN RÉSEAU OPTIMISÉ

* *Création de responsables de zone*

Un important effort d'optimisation du réseau a été accompli avec la création de deux postes de responsables de zone (*area managers*). **Leur mission est d'assister les directeurs dans tous les domaines de gestion opérationnelle de leur centre** : marketing, vente, management…

* *Mise en œuvre de comités de travail*

Rassemblant des franchisés et des représentants de la direction générale de LANGUES SA, trois comités de travail ont été institués, portant chacun sur un thème particulier comme, par exemple, le marketing ou la vente aux entreprises.

Ces réunions trimestrielles visent à partager les expériences et les problèmes quotidiens rencontrés par les franchisés afin de leur **trouver des solutions applicables à l'ensemble du réseau.**

- *Lancement d'un support de communication interne*

Publié dans le réseau Langues SA à travers le monde depuis 20 ans, **le *News* a fait son apparition en France au mois de juillet dernier.** Ce magazine mensuel adressé à chaque centre fait le point sur l'actualité de LANGUES SA, et favorise la cohérence du réseau en même temps que le transfert de savoir-faire.

DE NOUVELLES OUVERTURES

- *La croissance externe continue*

Tout en se concentrant sur l'optimisation et le renforcement des résultats de son réseau, **LANGUES SA a poursuivi sa croissance externe avec l'ouverture de nouveaux centres** à Tours, Quimper, Bayonne, Perpignan, Metz, Caen.

Pour en savoir plus :

Nom agence	**Nom société**
Nom consultante	Nom porte-parole
Adresse	Adresse
Téléphone/Fax	Téléphone/Fax
Mail	Mail

Exemple de communiqué de presse « Étude »
complété d'une invitation

<u>Logo DOINEL CONSEIL</u>

Communiqué de presse   **Avril 2001**

Fusions & Acquisitions : comment créer de la valeur ?

132 entreprises internationales témoignent
au travers d'une étude mondiale menée par la société DOINEL CONSEIL.

DOINEL CONSEIL a mené une enquête mondiale auprès de 132 entreprises de tous secteurs d'activité en Europe, Amérique du Nord et Asie-Pacifique.

Toutes les entreprises interviewées, au chiffre d'affaires supérieur à 400 millions de dollars, ont été acquises ou ont acquis une entreprise dans le courant de l'année 1998.

L'enquête a mesuré la performance qui a suivi la fusion ou l'acquisition dans les domaines de la productivité, de l'intégration des cultures et de l'entreprise, de la gestion des talents, de la communication, de l'adhésion aux objectifs et de la satisfaction de la clientèle.

Les réponses détaillées des PDG, DG et DRH ont permis à la DOINEL CONSEIL d'extraire des conclusions clés pratiques sur les « sujets créateurs de valeur » lors de Fusions & Acquisitions et la façon de les traiter.

Nouveau style de leadership, arrogance, pression pour réduire les coûts, stimulation de la force de vente, différences de culture, encadrement intermédiaire sont certains des éléments qui peuvent créer de la valeur s'ils sont traités de façon méthodique et adaptée. Les résultats de cette enquête associée à l'expertise de DOINEL CONSEIL permettent de définir **sept éléments essentiels pour créer de la valeur.**

DOINEL CONSEIL, leader mondial de la Transition de carrière et du Conseil en ressources humaines a acquis, depuis plus de vingt ans, une expérience de premier plan sur les aspects humains des fusions & acquisitions.

Un petit-déjeuner de presse organisé le 24 avril 2001 au Restaurant vous permettra de découvrir, en avant-première, les résultats détaillés, chiffrés et illustrés de cette grande enquête mondiale.

<u>Logo Doinel Conseil</u>

Fondé en 1975, Doinel Conseil est leader mondial de la Transition de carrière et du Conseil en management.

Grâce à son implantation internationale (465 bureaux dans 48 pays), Doinel Conseil offre une gamme complète de services en transition de carrière et accompagne ses clients afin de les aider à concevoir des solutions personnalisées pour améliorer la performance organisationnelle, le développement du leadership et la gestion des talents.

Le site Internet de la société est www.doinel-conseil.com.

En France, Doinel Conseil est représentée par Carrière Conseil pour la Transition de carrière et par la marque Manage Cie pour le Conseil en management.

Nos bureaux sont implantés dans les grandes villes de France : Paris, Lyon, Bordeaux, Lille, Rouen, Strasbourg, Nantes, Marseille, Toulouse…

La société Doinel Conseil est une filiale indépendante de Nouvelle Vague Conseil.

Nom agence	**Nom société**
Nom consultante	Nom porte-parole
Adresse	Adresse
Téléphone/Fax	Téléphone/Fax
Mail	Mail

Invitation Presse

À l'occasion de la publication de l'enquête
« Fusions & Acquisitions : comment créer de la valeur ? »

Marc Daulé, Directeur Général de DOINEL CONSEIL,

a le plaisir de vous inviter le 24 avril à 9 heures au petit-déjeuner presse
que la société DOINEL CONSEIL organise au Restaurant
afin de vous présenter les résultats de cette enquête.

Coupon à renvoyer à XX – X agence
par **télécopie : X/courriel** : X

Prénom : ____

Nom : ____

Titre du support : _____________________________________

❏ Participera   ❏ Ne participera pas

❏ Sera représenté(e) par : _________________________________

Rappel :

Date du point presse :

Horaire :

Lieu :

Exemple de communiqué de presse
« Vie de l'entreprise »

Communiqué de presse
19 juin 2003

<u>Logo L'ATMOSPHÈRE</u>

L'association X renouvelle son Conseil d'administration

Comme chaque année au cours de son Assemblée générale, l'association L'ATMOSPHÈRE a procédé au renouvellement partiel de son Conseil d'administration et à l'élection de son Président. Deux nouveaux administrateurs – Claire Dubois et Laurent Martin – y font leur entrée en juin 2003, Jérôme Vioux ayant été reconduit à la tête de l'association.

Un Conseil d'administration élu, représentatif de l'interprofession

Chaque administrateur est élu pour un mandat de trois ans, renouvelable deux fois. Réuni tous les 3 mois, il a pour mission de définir les orientations stratégiques de l'association L'ATMOSPHÈRE, d'élire, sur proposition du président, le Bureau de l'association, et d'assurer la bonne fin des différentes missions.

Deux nouveaux administrateurs au sein du Conseil d'administration de l'association X

Claire Dubois, directrice Marketing et Communication de l'Agence, et Laurent Martin, directeur de la Communication des Assurances, rejoignent le Conseil d'administration de l'association L'ATMOSPHÈRE.

Tous les membres du Conseil d'administration ont la responsabilité de l'une ou plusieurs des 9 commissions de travail de l'association L'ATMOSPHÈRE. Claire Dubois animera ainsi la commission Relations presse, et Laurent Martin la commission Relations écoles et universités.

Composition du Bureau et du Conseil d'administration
de l'association L'ATMOSPHÈRE

Bureau

- Président : Jérôme Vioux, directeur du Développement épargne salariale/actionnariat salarié

- Vice-président : Christian Dupont, directeur de la Communication

- Trésorier : Vincent Blin, Président

- Secrétaire général : Jean-Claude Rémy, directeur de la Communication et du Marketing de la Compagnie financière

Présidents de missions

- Développement : Lionel Blanc, Président

- Communication : Edouard Johnson, directeur de la Communication

- Service aux adhérents : Marc Dufour, responsable Communication et Formation réseau

Administrateurs

- Louis Thiac, directeur général de l'Agence

- Thomas Desforêts, rédacteur Santé

- Didier Lasalle, directeur de la Communication de la branche Recherche et Développement

- Michel Personne, directeur de la Communication du Centre

- Ivan Lavigne, directeur associé de l'Agence

- Martine Dupont, conseil en Communication

- David Leroy, concepteur-rédacteur

- Boris Tiloi, directeur général de l'Agence

- Claire Dubois, directrice Marketing et Communication

- Fabrice Levaille, directeur Marketing

- Anne Valençais, chargée de Communication

- Franck Idy, rédacteur

- Frédéric Desruel, directeur de la Communication de l'ESC

- Christophe Valentin, directeur associé

- Laurent Martin, directeur de la Communication des Assurances

- Violettte Antoine, présidente de l'Agence

Contact presse :

Nom consultante – Nom agence
Téléphone – Mail

Exemple de tribune
pour un acteur privé du transport public

Tribune Liska

Pour un nouvel âge du transport public

Appelé à s'étendre dans toute l'Europe, le modèle français de délégation de service public a permis de placer le voyageur et la recherche de l'innovation au cœur des préoccupations des opérateurs de transport. Selon Gérard Martin, PDG du groupe Liska, ce modèle va contribuer à renforcer l'orientation actuelle du transport public vers une plus grande attention au client.

Transporteur, exploitant de réseaux, opérateur, régie ou entreprise de transport… Si la désignation d'une entreprise chargée par une collectivité publique de gérer un réseau de transport peut sensiblement varier, sa mission est intangible : répondre aux attentes des voyageurs… et anticiper leurs besoins.

Devenus peu à peu fournisseurs de *services* autant qu'organisateurs de réseaux complexes, les opérateurs de transport font aujourd'hui évoluer leur vocabulaire vers des univers sémantiques qui entrent en résonance avec les valeurs d'une société de plus en plus sensibilisée à la notion de *service*. Une mutation qui montre que le métier de transporteur a entamé une métamorphose culturelle. Parler d'*usager* pour désigner un *client*, de *machiniste* pour un *agent de conduite* est une habitude de langage dont la désuétude n'échappe évidemment pas à la très grande majorité des voyageurs.

Cette entrée du transport public dans un nouvel âge doit bien sûr se traduire concrètement par l'élargissement d'une offre pleinement associée aux nouveaux enjeux de société : engorgement des villes par l'automobile, évolution des modes de vie, modification des équilibres vie professionnelle-vie privée, transformation du territoire et de la structure des bassins de vie, etc. Le temps du transport public de masse dans des conditions de confort et d'efficacité médiocres est révolu ; en complément des réseaux lourds dessinant des axes de transport privilégiés autour des grandes zones d'habitation, doivent apparaître des services plus individualisés pour les zones faiblement peuplées. La qualité du confort, l'amélioration constante des performances d'un réseau, le souci de s'adapter aux besoins de tous et l'attention toute particulière portée à la sécurité sont des conditions *nécessaires* pour que le transport public de demain devienne le moyen de déplacement privilégié des citadins, mais aussi des périurbains et des ruraux. Et ce n'est que s'il répond à ces exigences qu'il pourra prétendre rivaliser de manière crédible avec la voiture, et ainsi satisfaire les attentes exprimées par les autorités organisatrices.

En France, force est de constater que le chemin pris par certains opérateurs de transport va dans le bon sens. Les innovations de la dernière décennie, facilitées par l'arrivée des nouvelles technologies, répondent à cette volonté constante de rendre le transport toujours plus proche de ses clients. Pour mémoire, de la généralisation du GPS dans les bus, pour aider à la fluidité du trafic et permettre l'information des voyageurs en temps réel, à la mise en place de billettiques intermodales permettant de combiner plusieurs modes de transport sans avoir à changer de ticket, en passant par les cartes à puces qui commencent à remplacer les traditionnels billets, ou encore les tarifications adaptées répondant à la situation sociale de chacun, les évolutions en faveur de l'*avantage client* ont été nombreuses.

Ultime avancée qui préfigure le transport public de demain, le développement de solutions sur-mesure. Anticipant cette tendance à l'individualisation des transports en commun, le groupe LISKA a créé des « centrales de mobilité », notamment à Lyon, Lille, Caen et Besançon. Elles permettent de gérer, au moindre coût, un réseau de transport complexe adapté aux besoins de chacun : des calculateurs d'itinéraires indiquent le temps de parcours et ses différentes étapes ; des services de réservation, accessibles depuis l'Internet, le téléphone ou des bornes interactives placés aux endroits clés d'une ville, construisent un transport à la demande. Aujourd'hui, des voyages en minibus ou même en taxis sont proposés à des habitants de zones faiblement peuplées ou à des personnes à mobilité réduite, au même tarif qu'un trajet de transport en commun « classique ».

Alors, la France, modèle du transport en commun de demain ? Pourquoi pas. La volonté exprimée par Bruxelles d'étendre le système français de délégation de service public à l'ensemble de la Communauté va très clairement dans ce sens. En séparant les rôles entre la définition de ses besoins par la collectivité urbaine et leur réalisation pratique par un délégataire soumis à appel d'offres, ce système a démontré qu'il était un instrument de dynamisation et de renouvellement qualitatif des réseaux de transport. Inscrit dans la durée grâce à des contrats de six à huit ans en moyenne, il garantit de surcroît une politique de transport sur le long terme, et favorise la mise en place d'un véritable partenariat entre l'autorité organisatrice et le transporteur. Écoute, vision, excellence du service au client et gestion à moindre coût sont les principaux avantages de la délégation de service public qui ont placé la France à l'avant-garde du secteur du transport.

Autant dire que les groupes français sont en position de force pour conquérir de nouvelles parts sur un marché européen du transport public qui s'annonce de plus en plus ouvert et exigeant. Le groupe LISKA est d'ores et déjà prêt pour cette nouvelle aventure du transport.

(Signature)

Exemple de présentation de courrier

<u>**Logo société**</u>

Lieu et date

Prénom Nom

Journal

Service éventuel

Adresse

Objet

Intitulé (Chère Madame, Cher Monsieur…)

Contenu

Formule de politesse

Prénom et nom du signataire
accompagnés d'une signature manuscrite

Coordonnées utiles pour le journaliste

Exemple de lettre d'accompagnement
d'un dossier de presse

<u>Logo DOINEL CONSEIL</u>

Paris, le 10 juin 2005

Bonjour,

Le secteur des ressources humaines, de la transition de carrière et du conseil en management s'affirme chaque jour davantage comme un point de rencontre entre de grands enjeux de société : emploi, mobilité, performance, talent, épanouissement…

C'est pourquoi, je suis heureuse de vous joindre le dossier de presse de **la société DOINEL CONSEIL,** leader mondial de **la transition de carrière et du conseil en management,** dans lequel vous pourrez découvrir plus en détail l'ensemble des interventions et des spécificités de ce groupe, ainsi que quelques informations sur les études menées grâce à une expertise de plus de vingt ans dans les ressources humaines.

Fondée en 1975, la société DOINEL CONSEIL, dont le siège est à Montréal est représentée par 465 bureaux dans 48 pays.

La société DOINEL CONSEIL offre une gamme complète de services en transition de carrière et accompagne ses clients afin de les aider à concevoir des solutions personnalisées pour améliorer leur performance en organisation, le développement du leadership, et la gestion des talents.

En France, la société DOINEL CONSEIL est représentée par **la marque CARRIÈRE CONSEIL** pour la transition de carrière et par **la marque MANAGE CIE** pour le conseil en management.

Leurs bureaux sont implantés dans les grandes villes de France : Paris, Lyon, Bordeaux, Lille, Rouen, Strasbourg, Nantes, Marseille, Toulouse…

Après lecture du dossier de presse, M. Daulé et M. Dubois, directeurs généraux du groupe, seraient ravis de vous rencontrer pour vous présenter leur groupe, ses objectifs, ses résultats.

Si toutefois cette rencontre vous semble intéressante et envisageable, nous aurons la possibilité d'organiser un petit-déjeuner de presse.

Je me permettrai de reprendre contact avec vous à ce sujet.

En espérant que ce courrier saura retenir votre attention, je vous prie d'agréer l'expression de mon attentive et sincère considération.

XX

Numéro de téléphone

Exemple de lettre de proposition de rendez-vous

<u>Logo DIONIX</u>

Paris, le 12 février 2004

Madame,

Dans la perspective de l'année 2005 – où une nouvelle réglementation permettra d'améliorer encore d'avantage les performances environnementales du secteur de l'incinération – DIONIX, filiale du GROUPE D. H. (pôle propreté de X), spécialisée dans l'incinération et la valorisation énergétique des déchets, mène actuellement une campagne d'information destinée à répondre aux interrogations de ses différents publics : élus, collectivités, associations, grand public.

À ce titre, Monsieur Dupont, directeur de DIONIX France, serait heureux de vous rencontrer afin de vous présenter les principaux axes développés par Dionix pour limiter ses impacts sanitaires et environnementaux, notamment dans le cadre de cette nouvelle réglementation. Nous joignons d'ailleurs à ce courrier le dossier d'information de DIONIX, illustration concrète de cette volonté de DIONIX de communiquer de la manière la plus claire sur ses activités.

Pour connaître votre réaction à cette proposition, nous nous permettrons donc de vous joindre prochainement.

Dans l'attente d'une réponse positive de votre part, nous vous prions d'agréer, Madame, l'expression de notre sincère et attentive considération.

XX

Numéro de téléphone

Au carrefour de la gestion de l'énergie et de l'environnement, DIONIX exploite 10 unités d'incinération et de valorisation en France, ainsi que 4 centres de tri de déchets. L'entreprise emploie 2 250 personnes et réalise un chiffre d'affaires d'environ 49 millions d'euros.

Exemple de lettres d'invitation

Logo DIONIX

INVITATION PRESSE

< Civilité >,

Dioxines. Un mot qui alerte et qui fait débat. Aujourd'hui, les incertitudes sur cette question sanitaire sensible demeurent. Incertitudes scientifiques auxquelles s'opposent bien souvent des certitudes idéologiques.

Acteur majeur de l'incinération en France – et par conséquent directement concerné par la question des dioxines –, DIONIX prend aujourd'hui l'initiative. L'entreprise a en effet sollicité les plus grands experts scientifiques français – Alexandre Dubois, Maxime Valois et Hervé Vialle – afin que soit dressé le premier état des lieux des connaissances actuelles en matière de dioxines.

Réalisée en toute indépendance, l'étude que DIONIX vous propose de découvrir en avant-première apporte des indications et pistes de réflexion claires et objectives, capables de dépassionner le débat.

Monsieur Dupont, président directeur général de DIONIX, et François Martin, directeur de l'étude X, seraient heureux de vous retrouver à l'occasion d'un déjeuner de presse le **23 novembre 2003 au Restaurant à Paris**, où seront dévoilées les grandes lignes de cette étude. Il vous suffit pour cela de nous retourner par fax ou par mail le coupon d'inscription qui figure ci-dessous.

Comptant sur votre présence, et restant à votre entière disposition pour vous dire davantage, je vous prie de croire, < Civilité >, en l'expression de ma sincère et attentive considération.

XX – DIONIX

Coupon à renvoyer à XX – DIONIX – par <u>**télécopie**</u> : **XXXX**/<u>**courriel**</u> : **XX**

Prénom : ____

Nom : ____

Support : ____

☐ Participera   ☐ Ne participera pas

☐ Sera représenté(e) par : _________________________________

Rappel :
Date et horaire du point presse : XX à XX
Lieu : X (métro X)

Autre exemple d'invitation

Logo **D**OINEL **C**ONSEIL

INVITATION PRESSE

À l'occasion de la publication du second volet de l'étude économique
« Économia »,

M. Antoine, président de D*OINEL* C*ONSEIL,*
en partenariat avec

les agences de communication
C**OM** P**LUS**, T&C, C**OM** E**XPERT**
et le Groupe

sont heureux de vous convier à un petit-déjeuner de presse.

À l'issue de cette présentation, et à la veille de l'Événement,
La société D**OINEL** C**ONSEIL** dévoilera son nouveau positionnement

**le mercredi 4 octobre 2004, à 9 h 00,
au restaurant (lieu),
adresse
CP – Ville**

Coupon à renvoyer à Nom consultante – Nom agence
par **télécopie : XXXX/courriel : XX**

Prénom : ________________________________

Nom : ________________________________

Titre du support : ________________________________

❑ Participera   ❑ Ne participera pas

❑ Sera représenté(e) par : ________________________________

Rappel :
Date et horaire du point presse : XX à XX
Lieu : X (métro X)

Rappel :

Date du point presse, horaire et lieu

Exemple de lettre de droit de réponse

Logo DIONIX

Droit de réponse   Paris, le 2 septembre 2003

Monsieur,

À la suite de la diffusion de l'émission « Pleins Feux » du 31 août 2003, je me permets de vous adresser ce courrier afin de vous faire part de mon vif étonnement.

Responsable de la communication de la société DIONIX (spécialisée dans l'incinération), j'ai en effet été surprise de voir apparaître, au cours de votre reportage consacré aux poissons de la mer Baltique, une des usines d'incinération que nous exploitons en France – à Saint Valais près de Bayonne, en l'occurrence.

Permettez-moi donc de m'interroger sur vos pratiques journalistiques consistant à illustrer une pollution maritime au Danemark par une usine d'incinération nantaise – bien terrestre – et de surcroît une usine de dernière génération, répondant aux normes environnementales les plus strictes. Que des archives servent à illustrer vos reportages, soit, mais que celles-ci correspondent au moins à la réalité diffusée et ne nuisent pas à l'image d'une entreprise extérieure à la situation décrite.

Nous avons entrepris au sein de DIONIX une nouvelle démarche d'information et de communication relative à notre métier fort méconnu et très souvent sujet à critiques et à une simplification excessive, comme le souligne une nouvelle fois votre reportage. Vous êtes néanmoins cordialement invité à visiter nos installations dès lors que vous le souhaitez, et notamment l'usine de Saint Valais, afin de vous rendre compte par vous-même de la technicité des installations d'incinération nouvelle génération.

En espérant que vos approximations seront rectifiées lors d'une prochaine émission ou, à tout le moins, qu'elles ne se reproduiront plus, je vous prie de recevoir, Monsieur, mes sincères salutations.

XX

Responsable de la Communication Dionix

Autre exemple pour une lettre de « réclamation » (ou droit de réponse)

Logo DIONIX

Dionix

Madame X

Directrice de la communication

Le Journal

Journaliste X

Paris, le 22 avril 2004

Chère Madame,

DIONIX, filiale du GROUPE D., spécialisée dans l'incinération et la valorisation énergétique des déchets, mène depuis plus d'un an, dans la perspective de l'année 2005, une campagne d'information destinée à répondre aux interrogations de ses différents publics.

À ce titre, nous nous sommes rencontrés, lors d'un petit-déjeuner avec notre président M. Martin, le 10 février 2004.

Lors de cet entretien, nous avons échangé, à propos des principaux axes développés par DIONIX pour limiter ses impacts sanitaires et environnementaux, des importantes évolutions de la filière en vue des nouvelles réglementations 2005 et de l'image encore « décalée » du métier dans les médias.

Nous avons tenté de répondre objectivement à l'ensemble de vos questions et espérons vous avoir éclairé sur certains aspects.

Nous vous avons même proposé, lors de cet entretien, de vous convier à la visite d'une usine d'incinération ; vous aviez alors montré un vif intérêt à cette démarche.

C'est pourquoi, nous avons été surpris de ne pas vous compter parmi nous le 17 mars 2004 lors de la visite de l'usine de Saint Valais, alors que vous aviez confirmé votre présence.

Hélas, vous avez dû avoir un contretemps car nous n'avons pas réussi à vous joindre ni à votre rédaction, ni sur votre téléphone portable.

Par ailleurs, nous avons lu avec beaucoup d'attention votre article du 18 avril 2004 intitulé « L'incinération des déchets ».
Nous regrettons vivement que vous ne nous ayez pas interrogés à ce sujet.

Nous nous étonnons, étant donné la qualité du journalisme de votre rédaction, d'un tel papier de sensibilisation qui crée l'alerte auprès du grand public, à l'heure où vous sembliez chercher des informations rationnelles, mesurées, factuelles et fiables qui venaient rétablir nuance et pause.

C'est justement dans cet esprit que nous vous écrivons aujourd'hui pour savoir si vous souhaitez réorganiser une visite d'usine avec nous et échanger de nouveau avec certains porte-parole ou experts de la filière.

Nous restons à votre disposition et vous prions d'accepter, chère Madame, nos salutations distinguées.

X X

Numéro de téléphone

Exemple de fiche média réalisée
sur la station de radio France Inter (printemps 2005)

Historique

* 1963 : inauguration de la Maison de La Radio à Paris et création de France Inter, France Culture et France Musique.

* 1964 : création de l'ORTF, placé sous la tutelle du ministre de l'Information.

* 1974 : partition de l'ORTF en sept sociétés publiques, dont Radio France.

* 1987 : création de France Info.

* 1993 : France Info, France Inter et France Culture Europe constituent avec TV5 le premier bouquet multimédia en langue française ouvert à plus de 40 pays en Europe.

* 2000 : création du réseau France Bleu.

Organisation

* Président-directeur général : Jean-Paul Cluzel.

* Directeur de France Inter : Gilles Schneider.

* Directrice de la rédaction : Geneviève Goetzinger.

* Les différents services :
    – France (politique, social et économie) : Pierre Le Marc ;
    – Social et économie : Stéphane Leneuf et Hélène Jouan ;
    – Étranger : Luc Lemonnier ;
    – Art, lettres, spectacles et culture : Eva Bettan ;
    – Sports : Jacques Vendroux ;
    – Informations générales : Philippe Bardonnaud.

Les émissions cultes

* Société :
    – « Allô Macha », Macha Béranger, du lundi au jeudi (00 h 30-01 h 30) ;
    – « Le Téléphone sonne » Alain Bédouet, lundi, mardi, jeudi, vendredi (19 h 20-20 h 00).

* Musique :
    – « Au carrefour de Lodéon », Frédéric Lodéon, du lundi au vendredi (16 h 00-17 h 00) ;

- « Le Pop club », José Artur, du lundi au jeudi (22 h 00-23 h 00).
- Divertissement :
  - « Le jeu des mille euros », Louis Bozon, du lundi au vendredi (12 h 45-13 h 00).
- Culture :
  - « Le masque et la plume », Jérome Garcin, dimanche (20 h 00-21 h 00).

Les émissions phares

- En semaine :
  - « Le fou du roi », Stéphane Bern (11 h 00-12 h 45).
- Le week-end :
  - « Rue des entrepreneurs », Didier Adès et Dominique Dambert, samedi (09 h 00-10 h 00) ;
  - « Vous écoutez la télé », Marc-Olivier Fogiel, samedi (11 h 00-12 h 00).

Les journaux

- En semaine (rédacteur en chef : Patrick Roger) :
  - « Le treize-quatorze », Fabrice Drouelle (13 h 00-14 h 00) ;
  - « Inter soir », Fabrice Drouelle (19 h 00).
- Le week-end (rédacteur en chef : Philippe Abiteboul) :
  - Journaux de 13 h 00 et de 19 h 00 : Philippe Abiteboul.

Les programmes politiques et économiques

- En semaine :
  - « Le 7-9 », Stéphane Paoli, avec les chroniques de Jean-Marc Sylvestre (« L'économie aujourd'hui », 07 h 25) et de Dominique Bromberger (« Regards sur le monde », 08 h 17) ;
  - « Res Publica », Pierre Le Marc, mercredi (19 h 20-20 h 00).
- Le week-end :
  - « Bâtisseurs d'Europe », Roland Dordhain, samedi (19 h 30-20 h 00).

Quelques chiffres sur l'audience de France Inter comparée à celle des autres radios

audience cumulée																	
NOV-DÉC 2002	13,4	7,6	7,8	8,6	7	5,5	4,3	4	4,1	1,8	11,3	12,6	10,8	10,6	3,2	7,4	11,8
SEPT-OCT 2002	13,4	7,5	7,4	8,3	6,7	6	4,3	4,6	4	1,5	11,6	12,4	10,9	9,1	3	6,4	10,5

▲ ▲ ▲   **ATTENTION !**   ▲ ▲ ▲

Désormais l'audience cumulée est calculée à partir de 13 ans

A-M-J 2002	11,7	7	7,5	8	6,1	6	4	4,2	3,7	1,5	10,0	12,8	11,4	9,7	3,2	6,5	10,7
J-F-M 2002	11,6	6,8	6,7	8,2	6,1	5,6	3,9	4,3	3,8	1,3	9,8	12,9	11,2	9,6	2,4	6,4	10,7

Audience cumulée du lundi au vendredi de 5 heures à minuit.

* Audience cumulée en % : pourcentage de personnes ayant écouté au moins une fois dans la journée (5 h 00-24 h 00).

1 point = 493 220 auditeurs de plus de 13 ans (sondages septembre-octobre et novembre-décembre 2002).

1 point = 477 980 auditeurs de plus de 15 ans (pour les sondages janvier-février-mars et avril-mai-juin 2002).

Exemple d'un site Internet de crise
conçu à l'occasion de la crise dite
des « poulets à la dioxine »
(partenariat Talents et Compagnie/Image Force, août 2000)

Plan du site www.poulet-info.com

Qui êtes-vous ?
Découvrez les contenus et services adaptés à votre profil

Un consommateur

Un journaliste

Un distributeur

Un acteur des filières avicoles

Une administration

Un scientifique

Groupe Image Force 1999

**Page d'accueil proposant un accès par cible
(consommateur, journaliste, administration…)**

Page d'information pour les consommateurs

Exemple d'une charte de comportement entre un annonceur et son agence

Pour une bonne coopération entre Press'Publica et l'hôpital Pastor

1. Nommer, au sein de l'hôpital Pastor, un « responsable de la communication » qui assurera la liaison avec Press'Publica pour retransmettre les informations intéressantes et assurer le suivi des documents utiles à la compréhension de l'actualité de l'hôpital. Ce responsable de la communication désigne, au sein de l'hôpital, les « correspondants » autorisés de Press'Publica.

2. Donner l'occasion à Press'Publica de rencontrer les autres prestataires en communication de l'hôpital Pastor.

3. Ce responsable de la communication aide Press'Publica à définir un programme de réunions consacrées à la communication, avec un ordre du jour communiqué à l'avance aux participants de l'hôpital Pastor, qui en auront pris connaissance.

4. Faire participer le plus possible Press'Publica aux séminaires internes, aux journées « Portes ouvertes » et à toutes les manifestations qui permettent aux responsables de la communication et des relations publiques de se faire connaître des publics naturels de l'hôpital Pastor et de son environnement, et ainsi de recueillir plus d'informations.

5. Faire circuler en interne, grâce au responsable de la communication, les retombées presse qui valorisent l'hôpital Pastor et qui font comprendre les résultats d'une campagne de relations publiques.

6. Anticiper toute opération de communication afin de mieux la contrôler et mieux la gérer. Ne pas se décider à communiquer à la dernière seconde.

7. Répondre, autant que possible rapidement, aux demandes des chargés de communication de Press'Publica.

8. Prévenir Press'Publica des rencontres avec d'autres journalistes que ceux qu'aurait contactés Press'Publica, qui pourra ainsi mieux gérer le suivi de ces rencontres et le fichier de journalistes.

9. Suivre les engagements pris auprès des journalistes (fourniture de documentation complémentaire), tenir les délais, ne pas promettre ce que l'on ne pourra pas tenir, répondre à leurs demandes, même négativement, mais le plus vite possible et, si cela n'a pas été possible, le faire savoir à Press'Publica qui devra alors faire preuve de franchise et de doigté vis-à-vis des journalistes.

Qui fait quoi ?
Exemple des types d'intervention
d'une agence de relations presse

STRATÉGIE D'ACTIONS

La mise en forme de la stratégie

Le *briefing* doit notamment préciser par *business unit* et par pays :

* les évolutions majeures du contexte de communication ;

* les coupures de presse significatives et les événements clés concernant les concurrents et les clients ;

* les objectifs de communication de DOINEL CONSEIL ;

* les cibles majeures de la communication, c'est-à-dire les cibles finales (milieux financiers, publics sensibles, clients et prospects, milieux institutionnels, etc.) ;

* les thèmes majeurs ou sensibles à développer ;

* les risques et sujets pièges.

Le plan de communication

Après échange sur le *briefing* et sa restitution, le chargé du dossier DOINEL CONSEIL doit rédiger un plan de communication comprenant :

* un rappel des cibles et des objectifs auprès de chaque cible ;

* la définition des axes du (ou des) dossier(s) d'information ou des notes ou des communiqués ;

* la définition des travaux d'écriture ;

* la description des tâches de restructuration ou de mise à jour à opérer sur le fichier de presse ;

* le plan média : calendrier de rencontres avec les journalistes ;

* la programmation des communiqués produit et de communiqués concernant la vie de l'entreprise ;

* la programmation détaillée des actions de communication envisagées dans l'année et les possibilités d'investissements financiers complémentaires pour développer des actes spécifiques.

MESSAGES

Notes d'information

Le rédacteur de l'agence rédigera les notes d'information sur la base du document stratégique annuel.

Communiqués de presse

* Source du communiqué ;
* Écriture du communiqué ;
* Validation du communiqué ;
* Envoi du communiqué (délai, matière à fournir : 8 semaines avant l'événement ou la date de sortie) ;
* Envoi aux journalistes, plus mémoire des envois consignés dans la base de données ;
* Compte rendu écrit des réactions des journalistes.

Porte-parole

Chaque porte-parole doit être informé du dispositif général de communication et du rôle qu'on attend de lui au sein de ce dispositif.

CIBLES

Contacts presse programmés

1 – Visites de sites

* Déclenchement de la visite ;
* Fixer des dates précises de rendez-vous ;
* Contact et information des responsables locaux de DOINEL CONSEIL ;
* Préparation de la fiche du journaliste – qui est-il ?
* Préparation, établissement de la fiche d'intention du journaliste, que vient-il chercher ?
* Désignation du ou des porte-parole de l'entreprise nommé(s) ;
* *Process* d'accueil (un descriptif minimum est à concevoir par le client et l'agence lors d'une réunion mensuelle) ;
* Documents de suivi – l'agence ;
* Compte rendu de la visite – l'agence ;
* Suivi du journaliste et remerciements – l'agence ;
* Suivi de l'article – l'agence ;
* Remerciements au journaliste par le porte-parole de DOINEL CONSEIL à suivre par l'agence ;
* Envoi de l'article aux membres de l'équipe DOINEL CONSEIL.

2 – Organisation d'un rendez-vous personnalisé

Même procédure que celle décrite pour la visite de site.

PLAN DE RENCONTRES DES JOURNALISTES

Tenue d'un rendez-vous

1 – Venir avec les documents demandés par l'agence.

2 – Garder en tête le plan fixé lors de la séance de préparation.

3 – Écouter le journaliste (attention, sa demande peut avoir évolué).

4 – Si sa demande n'a pas évolué, suivre le plan de discours prévu :

- présentation des grands concepts DOINEL CONSEIL ;

- focaliser intelligemment sur la demande :

  - en donnant des exemples et des chiffres,

  - en prenant régulièrement acte que le journaliste suit bien la démonstration.

5 – Si la demande a évolué, la faire préciser le plus possible pour avoir le temps de réfléchir, s'adapter alors aux questions du journaliste en prenant le moins de risques possibles.

Dans ce cas, le consultant en communication présent peut aider et intervenir.

6 – Enfin, en quittant le journaliste, le remercier de sa disponibilité et le réinterroger sur ses thèmes d'intérêt complémentaires ; demander des documents de suivi par lui.

SITUATION DE CRISE (PROCÉDURE SPÉCIALE)

COORDINATION INTERNATIONALE

- Circulation de l'information (tout comité interne lié à la communication doit bénéficier d'un *reporting* écrit) ;

- Le comité de communication ;

- Le comité de direction ;

- Les réunions avec les prestataires ;

- Autres réunions.

Bibliographie

Communication générale

ALMEIDA, Nicole (D), *Les promesses de la communication*, PUF, 2001.

BOURDIEU, Pierre, *Sur la télévision*, Raisons d'agir, 1996.

BRETON, Philippe, *L'argumentation dans la communication*, La Découverte, 1996.

BRETON, Philippe, *L'explosion de la communication*, La Découverte, 2002.

BRETON, Philippe, *L'utopie de la communication*, La Découverte, 2004.

ETCHEGOYEN, Alain, *Le pouvoir des mots, Dictionnaire critique de l'entreprise contemporaine*, Dunod, 1994.

ETCHEGOYEN, Alain, *Les entreprises ont-elles une âme*, Bourin Julliard, 1994.

ETCHEGOYEN, Alain, *Le capital lettres*, François Bourin, 1990.

HALIMI, Serge, *Les nouveaux chiens de garde*, Raisons d'agir, 1995.

HERBEMONT, Olivier (D'), et CÉSAR, Bruno, *La stratégie du projet latéral*, Dunod, 1998.

MATTELARD, Armand, *Histoire des théories de la communication*, La Découverte, 1997.

RAMONET, Ignacio, *La tyrannie de la communication*, Gallimard, 2001.

VARIOT, Jean-François, *La marque post publicitaire*, Village mondial, 2002.

WINKIN, Yves, *La nouvelle communication*, Le Seuil, 2000.

WOLTON, Dominique, *Il faut sauver la communication*, Flammarion, 1998.

WOLTON, Dominique, *Penser la communication*, Flammarion, 2005.

Communication institutionnelle

HEUDE, Rémi-Pierre, *Guide de la communication pour l'entreprise*, Maxima, 2003.

HUREL DU CAMPART, Sabine, *La communication Corporate*, Dunod, 2003.

LIBAERT, Thierry, *Le plan de communication*, Dunod, 2003.

MICHEL, Jean-Luc, *Les professions de la communication*, Ellipses, 1999.

MOREL, Philippe, *La communication d'entreprise*, Vuibert, 2000.

WESTPHALEN, Marie-Hélène, *Le communicator*, Dunod, 1993.

Relations presse

BACHMANN, Philippe, *Communiquer avec la presse écrite et audiovisuelle*, Victoires, 1999 (8e éd.).

BEAUDOIN, Jean-Pierre, *Être à l'écoute du risque d'opinion*, Éditions d'Organisation, 2001.

DELECOURT, Nicolas, *Vivez au mieux vos relations avec les journalistes*, Du Puits Fleuri, 1997.

ICHBIAH, Daniel, *Comment gagner l'attention et l'affection des médias*, Campus Press, 2004.

MOREL, Philippe, *Pratique des relations presse*, Dunod, 1998.

MOREL, Philippe, *Les relations presse au cas par cas*, Vuibert, 2002.

NOUTEAU, Jean-Noël, *Les relations presse : comment communiquer avec le grand public grâce aux médias*, Demos, 2002.

RIES, Al, *La pub est morte, vive les RP !* Village mondial, 2003.

Relations publiques

BEAUDOIN, Jean-Pierre, *Conduire l'image de l'entreprise : les relations publiques, l'art et la manière*, Éditions Liaisons, 1995.

BOIRY, Philippe A., *Les Relations publiques ou la stratégie de la confiance*, Eyrolles, 1989.

BOIRY, Philippe A., *Des publics-relations aux relations publiques : la doctrine européenne de Lucien Matrat*, L'Harmattan, 2004.

CHOUCHAN, Lionel, *Les Relations publiques*, Que sais-je ? PUF, 2005.

MOI, Ali, *Les Relations publiques*, Mango pratique, 2002.

Communication de crise

FOURNET, M., *La crise, risque ou chance pour la communication*, L'Harmattan, 2000.

GABAY, Michèle, *La nouvelle communication de crise*, Groupe Stratégies, 2001.

LIBAERT, Thierry, *La communication de crise*, Dunod, 2001.

MOINE, Jean-François, *Communiquer en situation de crise*, Éditions Sociales Françaises, 2002.

REVERET, M., *Médias et communication de crise*, Economica, 1997.

ROSÉ, Philippe, *Le web de crise*, Demos, 2004.

ROUX-DUFORT, Christophe, *Gérer et décider en situation de crise*, Dunod, 2000.

SARTRE, Véronique, *La communication de crise*, Demos, 2003.

Index des noms propres

Index général